家有宠物巧饲养之
蟋蟀·蝈蝈·蜥蜴

主编：杨晓光

编委：赵春缓　杨　森　赵春芳
于永明　窦凤琴　时培育
朱于宇

中国社会出版社

contents
目 录

目 录

蟋 蟀 篇

蟋蟀的品种与选择

contents
目　录

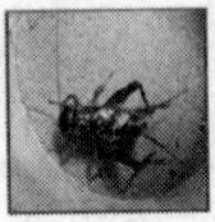

contents
目 录

蝈 蝈 篇

蝈蝈的品种与选择

contents
目 录

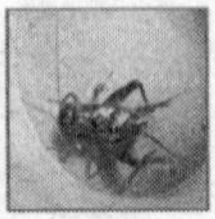

蝈蝈的饲养与管理

contents
目录

contents
目 录

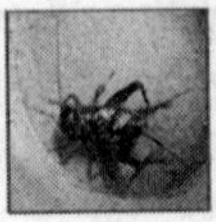

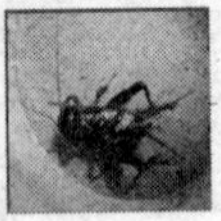

蜥蜴的饲养与管理

蟋 蟀 篇

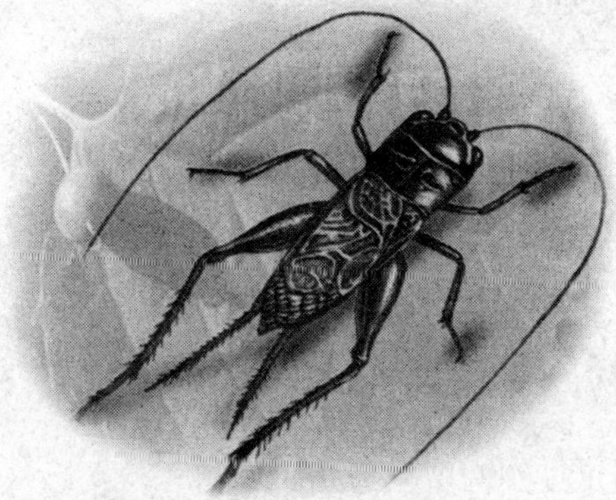

蟋蟀的品种与选择

蟋蟀简介

蟋蟀一名促织，中国北方俗名蛐蛐。全世界已知约2500种，中国已知约150种，其中台湾省50种。蟋蟀是一种古老的昆虫，至少已有1.4亿年的历史。因其能鸣善斗，自古便为人饲养。

蟋蟀多数中小型，少数大型。黄褐色至黑褐色。体长15～40毫米，头圆，胸宽，丝状触角细长往往超过体长，易断。咀嚼式口器。有的大颚发达，强于咬斗。前足和中足相似并同长；后足发达，善跳跃；尾须较长。前足胫节上的听器外侧大于内侧。雄性喜鸣、好斗，有互相残杀现象。雄虫前翅上有发音器，由翅脉上的刮片、摩擦脉和发音镜组成，前翅举起，左右摩擦，从而振动发音镜，发出音调。雌性个体较大，针状或矛状的产卵管裸出，翅小，是个哑巴，俗称“三尾子”。

蟋蟀是不完全变态昆虫。成虫生性孤僻，是独居者，通常一穴一虫，要到成熟发情期，雄虫才招揽雌蟋蟀同居一穴。若两只雄虫在同一洞穴相遇，二者会打斗，但在若虫期，往往30～40只共居一室，十分亲热。雌虫一生可产卵500粒左右，分散产在泥土中，以卵越冬。蟋蟀每年发生一代，喜居于阴凉和食物丰富的地方，常在夜间出来觅食。成虫喜跳跃，后腿极具爆发力，跳跃间距为体长的20倍左右，少数种类后翅发达能飞行。

蟋蟀的主要种类

蟋蟀的主要品种可分为青虫类、黄虫类、紫虫类、红虫类、白虫类、黑虫类。

青虫类 以青为基色。青色并非色彩中的青，而是其头、项、翅、肉所反映的褐中泛青之色，深色的青虫近似黑色。青虫根据颜色的深浅和其他各部色泽的搭配，分成不同的品种。青虫类某些品种的头部带有黄色，分辨时容易造成青黄难分，因此，还可以根据脑线的颜色和形象来作出判断。凡脑线白色、耳线连环、顶线细长呈游丝状者为青虫类。当然，个别优良品种如红沙青的斗线呈粉红色，部分较差的青虫斗线呈姜黄色，这种现象也是存在的，但毕竟是少数。青色蟋蟀中又有不同的种类：

①纯青 又叫正宗青，头、项、翅、腿均为青色，翅

翼竖立近90度，有大将风度，是虫王。但如果青褐中混有黄褐花斑，就不是纯青。

②**蟹壳青** 其出土时头项色如河蟹壳，项上并有隐靛小斑，牙色绛红或紫红，翅色略透淡金。此虫格斗时稳健，韧劲足，但时过露便易衰老。

③**红沙青** 头、项、翅重青中透血牙红，黄项铺蓝花疙瘩，斗线也是红的，而且养至深秋，满翅起红沙。此虫斗性极为猛烈、凶狠，亦是虫王。

④**黑青** 这种蟋蟀刚捉来时，头项如炭一般黑，大腿和尾部则显深青，翅色乌金，牙色雪白。中秋过后，头项由黑渐渐转青，故也属青色虫之列。

⑤**白青** 出土时，项青黑中隐泛白色。犹如蓝宝石，腿、爪也白，翅色泛银，时近露，头上泛着青白洵，也属于上品。另外，青色虫中还有河虾青、铁沙青、乌青、淡青、赤头青等。这种命名在民间沿袭多年，主要是根据蟋蟀身上颜色的近似度而定的。总之，头项、翅、腿爪、尾肚主要偏重于青色的，就划入青色类中。

黄虫类 以黄为基色。通体呈黄色者大多属黄虫，但若与其他颜色混合时也较难区别。例如黄头、金翅、大牵背之虫，便不属黄虫类，而属青虫类的老白青。如用审视脑线的方法加以辨别，那么凡脑线呈黄色，耳线粗阔连环，画眉角明显，顶线中长或稍短阔者为黄虫类。反之，上述的老白青，虽头黄、翅黄，却因脑线白色而归属青虫类。但个别淡青色的黄虫，脑线亦淡黄近白。因此，关键在于仔细观察。黄色也是蟋蟀颜色中的一个大类，而且多出上品。区别蟋蟀是否属于黄色类，应揭开盆盖观察，若透现金色者属黄色类。

①**紫黄** 是黄色类中的虫王，它头色红中泛蓼，翅金项蓝、脸黑、爪翅足白、肉紫，出土后头色变紫，牙色绛红或樱色。这种虫身上五色俱全，其他蟋蟀见了便胆战心惊。

②**黑黄** 出土时初看似黑，其实身上泛金黄色，特别是斗线金色，头如琥珀，翅翼乌金，肉色发黄，项圈黄底铺蓝花疙瘩或如朱砂，牙配紫、红或白银色。这种蟋蟀斗性极烈，早秋时不能频看，宜藏暗处。一般来说，黄色类蟋蟀属于冷虫型，秋深斗劲足。

③**油黄** 此虫出土时油黄色遍身，金毛六足，蓝项或朱砂项，翅色赤金或黄油色，牙配紫红、绛红，也很英勇善战。这种遍身泛油色的蟋蟀，在其他色类中几乎是见不到的。油黄身上的油色一旦退去，则不宜上场了，因其非有伤病即是衰老。

④**狗蝇黄** 出土时头色如农村常见的狗蝇或枯树叶，翅已声喑哑，但过了露，翅色转成赤金，鸣声也洪亮起来。狗蝇黄在霜降前比较勇猛，过后斗性渐退。

⑤**蟹黄** 出土时头和翅翼微黄中泛红，尾、肚泛黄，足白，过了露，身上的颜色如煮熟了的河蟹壳颜色。黄色

类中还有金钱黄、白黄、少黄、红黄、淡黄、麦黄等。

紫虫类 以紫头、紫体为主色，以不夹杂青色、黄色为真紫。如稍带青色，即为紫青；稍带黄色，即为紫黄。紫虫的色差很大，深色的色似乌黑的茄皮，淡色的色似玫瑰和藤花，不知者常以为两种色类。凡脑线呈红色，耳线不连环或呈单线，斗线细而隐沉者，则是典型的紫虫类。但亦有例外，有的深色紫虫脑线呈白色，如紫壳白牙；有部分淡色紫虫，其耳线仅稍有脱节，接近连环，斗线不细直，近似黄虫或青虫斗线的生相。紫色以不混色、黄色为真紫，紫中带熟色的是下品。紫色的主要品种有：

①纯紫 紫头、紫牙、紫翅、紫肉、紫尾、铁锈色项，斗线金红，浑身如披紫袍，艳如玫瑰，此是虫王。

②白紫 也是一种紫色类的虫王。这种蟋蟀白天看是青色，黄昏看是黄色，阴天发白，晴天发紫，常无定色，唯背肚肉色如靛。蟋蟀古谱上曾有歌诀云："非青非紫亦非黄，时空不定似天光，背心肉色蓝如靛，此是人间促织王。"

③藤花紫 头隐红，斗线或红或白，身体颜色淡青，后变白金翅，六足淡黄，配紫红牙，深秋能斗，是紫色中佳品。

④银背紫 出土时，紫肉、银翅、身泛白光，过了露，头如樱桃，配紫牙。

⑤栗色紫 翅色如同板栗壳，紫金色纤毛遍身，形象

凶恶，铁锈色项，配白牙。紫色类中还有葡萄紫、茄皮紫、乌酱紫、熟紫、黑紫、淡紫等等。

红虫类 以红体为基色，按色泽深浅和项色的搭配，构成不同的品种。有些虫头色粉红，人们误以为红色，其实是熟虾青。如以脑线分类，凡脑线呈淡绯红色，耳线连环，斗线细而中长者，即属红虫类。红色应以石榴红或血红色为真红，红中带绿者属下品。红色类常常会同黄色类，故民间也有将红色类蟋蟀归入黄色类蟋蟀的，触须连同眼睛发红的，应属于红虫类。红色类主要有：

①**石榴红** 头如珊瑚，项如枣色，肉色粉红，翅色如大红绸缎艳亮，六足霜白，斗线玉白。石榴红一般个体不大，但凶猛异常，交战时，常把对手咬死，此是红色类的虫王。

②**红黄** 头如红宝石闪光，肉身紫黄，腿足上有红黄小点，翅红色中透金。

③**弓红** 秋初出土时有点类似石榴红，遍身红艳，但中秋过后，红色渐退色如古代武士用的射弓绸带，须眼赤金。红色类中还有落霞红、炉火红、山楂红、红青、红白、红头紫等。

白虫类 翅、肉、足白色，头显血色，或头如芦花色者，均属白虫上品。白虫类的脑线不仅以白为特征，而且以粗阔浮线为特征，耳线不仅连环，且均属大耳朵。白色应以隐透血色为上，白色带灰为下。其主要品种有：

①**真色白** 出土时头如芦花色珍珠，白银斗线贯顶，

项白尾肚裹白毛腿，腿关节处有红点，此是虫王。

②**宝石头白** 白肉银翅，唯有须、尾不白，项色微蓝带紫，翅色白金，色白有点相似。英勇善战。白色类虫并不多，除上述种类外，还有梨花白、月白，象牙白、蜊壳白、芦花白等。

黑虫类 以头、项、翅、背乌黑为特征，其4足、肚腹多白，因色泽深浅和光泽各异构成不同品种。黑青、黑紫易误认为黑色，其实色如湿烟煤，且浊厚蒙茸者，以及脑线白色，耳线连环者方是黑虫类。而游戏中蟋蟀的成色，主要分为白色、蓝色、金色和暗金色。

首先紫色的一般肯定比普通的好，但是也有普通比紫色厉害的情况，那是因为其某些属性比较厉害，依此类推，最好的蟋蟀是暗金色的。当抓到的蟋蟀是“暗金”的绿色名字，说明抓到了一只好虫。当然也有其他颜色的蟋蟀比暗金的更厉害的，这就要看其属性了。而暗金蟋蟀在低级场地是抓不到的，所以，想抓极品还是得到高级场地去。黑色应没有其他混色。常常有人误把青色类中的黑青、重青看做黑虫。黑色的种类有：

①**炭黑** 头如黑漆发亮，银线贯顶，颌面抹金，铁色项乌金翅，足、肚皆雪白如玉，配以纯白牙。此是虫王。

②**锅灶黑** 浑身漆黑，生相凶恶，如同锅灶之底部，牙色银白，露后翅色泛白雾。锅灶黑是一员猛将。真正的黑色类虫，大都属于冷虫型，即秋深斗劲足，霜降前后，

是它们扬威的时候。铁弹子黑、水墨金、金翅黑、黑麻头等，也是黑色类中较好的品种。

在各种颜色中，有如下规律：

1. 各色类蟋蟀中，身上颜色最纯、最单一的，往往是这类颜色中的王者之相，例如正青、纯紫、石榴红、焦炭黑。

2. 蟋蟀身有 5 种以上色彩的，艳丽超绝，也往往是帅才，例如红沙青、紫黄、白紫等。

前一种情况说明蟋蟀的品种应以色泽单纯为好。后一种情况说明到得杂交优势，集各色类蟋蟀长处大成的品种身披 5 色以上的蟋蟀，其实是杂交的后代，也是争夺配偶的最强有力者。

蟋蟀有哪些品种

青虫类 真青、重青、黑青、紫青、灰青、蟹青、淡青、鸦青、栗青、乌青、正青、虾青、油青、白青、青麻青、青大头、白牙青、白砂青、淡白青、玉牙青、红砂青、熟虾青、赤头青、尖头青、青麻头、苏叶青、鸡血青、麦紫青、河虾青、红线青、天蓝青、红牙青、河水青、稻叶青、竹叶青、芦花青、河泥青、葡萄青、铁砂青、麻真青、草色青、赤头青、麻铁色青、青铁线青、草色白青、重青一线、金青黄麻头、柏叶青麻头、琥珀头青、蜜青背。

黄虫类 真黄、青黄、油黄、紫黄、暗黄、沙黄、蟹黄、白黄、红黄、深黄、淡黄、砂黄、黑黄、麦橘黄、黄一线、苏叶黄、麻皮黄、狗蝇黄、黄花头、乌背黄、跑马黄、蜜蜡头、大头黄、金线黄、草紫黄、乐陵黄、黄大头、黄麻头、淡色紫黄。

紫虫类 真紫、粟紫、麻紫、滑紫、白紫、栗紫、淡紫、纯紫、黑紫、深紫、茄皮紫、熟藕紫、玫瑰紫、金背紫、麻头紫、红头紫、尖头紫、酱瓣紫、藤花紫、玫瑰紫、银背紫、花顶淡紫、紫壳白牙、银牙淡紫、乌酱煤紫、滑葡萄紫、铜头铁背、紫头金翅、铜头铁背紫、黑紫黑红钳。

红虫类 真红、红麻头、枣红、红白、水红、红青、红紫、红黄、纯红、射弓红、玛瑙红、黄头红、红头黄、山楂红、红头白、石榴红、红头紫、红头青、红麻头、落霞红、红头白翅、出炉银红、红头白翅、红头青翅。

黑虫类 真黑、真乌、青乌、正青、水墨黑、黄乌头、乌麻头、灶灰黑、白乌头、乌头金翅、乌头银翅、黑紫乌头、黑麻乌青。

白虫类 正白、纯白、淡白、八白、大白、哑白、老白、月白、乌背白、白花头、草色白、玉骨白、尖翅白、朱头白、青项白、青黄白、水梨白、芦花白、白艾白、白麻头、淡黄白、螭壳白、黑色白。

异虫类 烂衣、左搭、黄笃、紫笃、齐臀、青笃、青长衣、白紫笃、白花头、金背笃、琵琶笃、黑紫笃、黄长衣、阴阳翅、青三色笃、披袍轩甲—黄、披袍轩甲—青、披袍轩甲—紫、七彩朱砂额。

古谱中各色蟋蟀名录

青色虫 1. 白砂青 2. 红砂青 3. 红浅青 4. 油青 5. 苏叶青 6. 鸡血青 7. 麦紫青 8. 河虾青 9. 熟虾青 10. 河泥青 11. 河水青 12. 稻叶青 13. 竹叶青 14. 芦花青 15. 蛐蜒青 16. 青铁线青 17. 麻铁色青 18. 麻真青 19. 紫青 20. 黑青 21. 淡青 22. 河蟹青 23. 金青黄麻头 24. 白青 25. 尖头青 26. 青麻青 27. 铁砂青 28. 柏叶青麻头 29. 天蓝青 30. 真青 31. 正青 32. 灰青 33. 草色白青 34. 草色青 35. 乌青 36. 栗青 37. 葡萄青 38. 赤头青 39. 鸦青 40. 淡白青

黄色虫 1. 真黄 2. 油黄 3. 砂黄 4. 黑黄 5. 大头黄 6. 紫黄 7. 白黄 8. 红黄 9. 青黄 10. 深黄 11. 淡黄 12. 狗蝇黄 13. 黄麻头 14. 淡色青黄 15. 麻皮黄 16. 黄花头 17. 金线黄 18. 苏叶黄 19. 麦橘黄 20. 香橼黄 21. 蟹黄 22. 蜜蜡头

紫色虫 1. 真紫 2. 红头紫 3. 纯紫 4. 深紫

5. 淡紫 6. 麻紫 7. 紫头金翅 8. 滑葡萄紫 9. 藤花紫 10. 茄皮紫 11. 熟藕紫 12. 乌酱煤紫 13. 酱瓣紫 14. 紫麻头 15. 尖头紫 16. 滑紫 17. 黑紫 18. 白紫 19. 铜头铁背紫 20. 金背紫 21. 银背紫 22. 栗紫 23. 玫瑰紫

红色虫 1. 真红 2. 纯红 3. 石榴红 4. 山楂红 5. 出炉银红 6. 红头青 7. 红头紫 8. 红头黄 9. 红头白 10. 红青 11. 红黄 12. 红紫 13. 红白 14. 红麻头 15. 红头白翅 16. 红头黄 17. 射弓红 18. 落霞红

黑色虫 1. 真黑 2. 灶灰黑 3. 水墨黑 4. 真乌 5. 青乌 6. 黑紫乌头 7. 黄乌头 8. 白乌头 9. 乌头金翅 10. 乌头银翅 11. 黑麻乌青

白色虫 1. 大白 2. 月白 3. 玉骨白 4. 哑白 5. 正白 6. 螭壳白 7. 水梨白 8. 芦花白 9. 白艾白 10. 纯白 11. 淡白 12. 白麻 13. 淡黄白 14. 青黄白 15. 黑色白 16. 青项白 17. 朱头白 18. 尖翅白 19. 老白 20. 草色白

我国蟋蟀产地及品种

山东省

宁津：真青、正青、赤头青、淡青、红牙青、黄一线、白黄、真紫、粟紫、紫壳白牙、茄皮紫、深紫、黑紫、射弓红、烂衣、左搭、青三色笃、紫笃、白紫笃、琵琶笃、黑紫笃、齐臀、尖鸡。

宁阳：大青、琥珀青、铁头青背、墨牙青麻头、粟青、白砂青、蜜背青、重青一线、蜜蜡头、沙黄、粟紫、顶淡紫、银牙淡紫、紫壳白牙、铜头铁背、黄笃、青笃、黄长衣、披袍轩甲、披袍轩甲—青、阴阳翅。

乐陵：油黄、乐陵黄、暗黄、黄花头、狗蝇黄、黄大头、乌背黄、茄皮紫、深紫、黑紫、金背笃。

德州：墨牙黄、大麦牙黄青。

河北省

保定：黄头白青、淡白青、粟紫、玫瑰紫、深紫、竹节须青头、真赤爪花头、淡墨青、星头。

沧州：乌青、重青一线、紫壳白牙、白花头、青长衣。

安徽省

合肥：淡白墨牙、白黄墨牙、点子、真黄。

黄山：黄大头。

铜陵：黑紫、黑青。

西新：红斑青。

亳州：正青、紫青、粟青、河虾青、淡牙白青、黑青、白牙青、熟虾青、深黄、乌背黄、淡白、披袍轩甲。

浙江省

余杭：青金翅、老白青、红牙青、真乌青、红钳蜜背。

杭州：黄光淡青、草紫黄、红黄、淡黄、披袍轩甲—紫、白沙青、铁色红钳。

湖州：虾青。

海宁：哑青、哑紫、墨青。

绍兴：青大头、青黄、紫黄、麻头紫、乌头金翅、青笃、黄长衣、披袍轩甲、白青、白黄、重青黄麻头。

江苏省

南京：墨黄、楚黄、黄麻头。

苏州：黄大头、墨牙青、紫头金翅、淡青。

洞庭：黄大头。

南通：诸色紫虫。

扬州：玉牙青、白头青背、油黄、白牙青、麦芽青、紫金翅、黄三色、淡青。

兴化：紫麻头、墨牙青麻头。

无锡：青大头。

上海市

金山：琥珀青、白牙青、白阔翅、墨牙青。

浦东：淡黄。

七宝：铜头铁背、真青、红砂青、铁砂青、铁弹子。

油葫芦的品种

油葫芦的品种较多，常见的品种有体色偏黑的“黑葫芦”，体色偏棕的“红油葫芦”。有一种称“琵琶翅”的，翅长，末端钝圆，可盖过尾须的1/3，其鸣声洪亮。有一种翅翼很薄而透明的，称“玻璃翅”或“薄翅”，鸣叫的声音较低而发飘。一种称为“长翼”的，翅长但端部不宽，声音一般是中音。对以上这几种油葫芦，鸣虫爱好者编了个顺口溜：飞翅贵，玻璃脆，琵琶脆，长翼亮。这是内行对它们的评价。头部额高者称为“寿星头”；头圆宽者称为“蒜头”；头浑圆者称为“珠头”。三者中以“寿星头”为贵。

油葫芦的鸣声，其音节大致有两类：有一类的鸣声如“居……优、优、优”，像是油从葫芦中倾注出来的声音，是名副其实的油葫芦，此为佳品。另一类鸣声如“唧、唧、唧”，则属较次者。

如何挑选一只好蟋蟀

头部 蟋蟀的斗性显示于头，头的形状很重要，品级高低、优劣也显现于头部。

寿星头 为最上品，是一种长圆头，星门及头向前凸起，酷似老寿星而得名。

大圆头 也称珍珠头、菩提头。要四面高大结绽直而圆大，也是头形中的上品。

小圆头 与大圆头仅大小区别，也要圆绽，配长衣和拖肚易成将，属一般头形。

四方头 两边有棱角的便是，俗称四字头，也属一般头形，青黄虫居多。

尖头 星门突出成尖形，紫虫为正配，其余出将少。

算盘珠头 也称柿子头，主要是面部扁平，横端显著的，属下品头形。

浅头 头根短，面部平，近年来有配长项凶顽者，但属下品头形。

从构造来研判，头的内部因为咬肌发达而要有生长空间，因此虫王、元帅大都有星门突出、头圆大等特点（当然也有例外），和古谱中寿星头为最好的结论是一致的。

头色 主要是指顶部和额部这两个部分。头色不分，必为下品。无论青、黄、紫、白一定要分清。额部色要深于顶部，但并不是完全不同的两种颜色，额部头色黑亮于一般的，底板也好于一般。头色的特征在脑盖上，额线以上斗丝中间及斗丝左右所在之处为脑盖，脑盖上的色分清了，再与斗线相配，加顶门上的色，三者综合，可以定虫属于何种色络了。

斗丝　俗称顶线、脑线、麻路。斗丝是虫品级高低的重要体现之一，直者为斗丝，枝生杈为麻路，黄色的为金斗丝，白的叫银斗丝。斗丝应该细直隐沉，两边清晰为上品。斗丝要生得开阔，越开阔落口越重。斗丝的形象必须和它的品种相吻合，斗丝和麻路，斗丝和耳环，错综复杂，有一定的规律，又有很多反规律的经验，如斗丝应该细直隐沉、两边清晰为上品。但金鼎却要配短斗线，白紫就更奇怪了，斗丝要粗而白，浮在头上。各种情况要具体问题具体分析。

眼　蟋蟀的眼要有光泽，黑如点漆，突出于额角者为上品，如果生于面门，当然名贵。眼角起成方者，其性必烈，落口沉重，超出一般。眼还有许多花色品种，如黄、红、白、蓝、绿，还有两眼不同色的日月眼、阴阳眼等，均为小异。

须　须以粗长活为上品。粗则牙壮，活则虫烈，四处寻斗。凡出斗一次，双须同时短去少许为脆须，多健斗。须一节一节的，有相间花色的，也有一色的，是蜕化中形成的，也是名将。赤须粗长为真相，红如血，世所罕见。鸳鸯须要鸳鸯牙为真相，余则一般。蝴蝶须能收放自如的为真相。须中间有一疙瘩或上半截细下半截粗为结须，亦贵。

脸 顶门以下牙根以上的部分为脸，脸包括眉毛、星门、须根、门槛。

眉毛要细，断者贵，眉毛的色要与斗丝逆色，正如谱上所写金抹额配银斗丝，银抹额配金斗线，细微之处，非实践不能体会。又像一把长尺横在额上，闪闪发光，要配深色的虫才能成将，粗眉大多难成才，但如粗眉嵌星，金鼎、玉鼎近年来也有称雄虫林的。

星门，又叫太极图，圆整突出为上品，万中难见一二，但星门总以大突为上品，大多数虫都有一拖头，名“漏正”，就是人们常说的“拖鼻涕”，谱上皆不取，但近年来却多将帅有拖涕。

须根，也叫夜明珠，要圆大白而亮泽，晶莹欲滴，为上品。

门槛，最佳的脸是无门槛的，如一黑平面，铁板一块，且光亮如漆，此种脸为上上品，极少见，大多有一至几条门槛将脸划分，且有高低，黑门槛一条也属可取，有红色的为红门槛，白的是花露纹，谱上皆不选。

牙 每只蟋蟀都有门牙和衬牙，衬牙生于门牙内，是蟋蟀专吃食用的，门牙也称斗牙，是用来吃食和格斗的，斗牙品种繁多，可从牙品、牙色、牙形来判断优劣好坏。

牙品

钢牙。也称墨牙。色如乌金，黑而发亮，是牙的最高品级，实际上从科学角度讲是硬质的体现。一般形小，也有长大的，市场上多见的深紫色近黑的不是此品种。

灰菱白牙。俗称死人骨头牙，白而无光，成灰白色，一般形四方而粗壮，硬度仅次于钢牙，生就此牙，不论形色，虫皆为上品（因生就此牙需极干环境）。

紫花钳。紫红色而有纹或斑点，挂黑色直线的为紫降香钳（黑色直线要从头至底，不能间断）为上品牙。

红牙。有深浅之分，有大红牙、淡红牙、深红牙等，一般市场上多见。

白牙。也称银牙，种类多，有糯米白牙、烟熏白牙、老白牙、芝麻点白等，市场上也多见。

黄板牙。是最普通的牙，大概平均两条虫中就有一条，要色油黄亮为上品，其余一般。

花牙。大多为下品，也有上品，这是一种较难识别的牙。

铁门闩。大多出现在白牙和黄板牙，其他牙色少见，有黑色纹横截牙面（一定要黑色），有单只牙，也有双牙，皆为上品，黑色纹横截显示其里面硬度高。

蛋牙。不论左右，有蛋形突出黑点，要越大越突出越好，如是圆形或不突出，此不是真。

铜铡刀。一牙大一牙小或两牙同样大小，一颗牙生就不动，一颗牙启闭正常，一定要不露牙根，为异品牙中的上上品。

牙色

牙色也较难分辨，有“差之毫厘，谬以千里”之说。有黑色斑点及条纹的，不拘泥润泽还是无光泽，都是硬的体现，虫出产地不同，土质不同，牙的色泽会不同，要牢记，虫色干度与牙硬度成正比，这是局部与总体的关系。

牙形

牙形是很重要的一环。不露牙根为首，凡为将者，必不露根；钳档要小，开合要迅速，犹如拳击中手的伸缩快慢，动作迅捷，不容对方还手（口）。

牙唇　称饭板，铁锚，最上品的是小牙唇，其形细而长，从牙根垂直至牙尖，边缘镶有黑线，又名铁牙门。其他有一般牙唇和大牙唇，皆属一般，市场多见。

如何分辨蟋蟀的优劣

蟋蟀的优劣大致可以从形态上进行分辨。

海狮形　脚长头大尖尾梢的“海狮形”，落夹重，出口快速。短身材的耐力差，一定要长身形大头尖尾梢的。还要看两尾又垂又夹。此乃“海狮形”的要点。

条虫生相　身形长而不狭，此虫能盘打多交口，如狭长瘦瘪，乃无用之材。

方虫骨牌形　此虫高、方、阔、厚，经得起对方的重口硬夹，吃夹后还能出重夹，而且食量大，寿命长，极可能成为将才。

两头枣核形　头不大，中段体形圆而大，如橄榄状。如能生就“虾腰龟背”的长身形，乃是比斗中的大将。

四平相貌　体态匀称，头顶不显大但厚实，身虽不长但不比它虫短，腿脚尾爪与虫相衬，从高看不低，从侧看不薄，从后看四平八稳。此虫任何部位均比它虫生得大，多出“大元帅”。

披袍显甲形　生相显威，翅身长至尾部，身体阔而长，腿脚长又高。鸣叫时竖翅如篷，鸣声洪亮，行步端庄，必为大将。

挑选蟋蟀有两种标准：一种是挑选鸣叫的蟋蟀，另一种是挑选打斗的蟋蟀。

选择以鸣叫为主的蟋蟀，应选头和身形不太大的个体，背阔，翅长，翼厚，触须完整，尾须整齐，叫声洪亮，频频鸣叫。

有一种被饲养者称为“虚虫子”的蟋蟀，它不善于打斗，却老是振翅鸣叫，甚至斗败了也振翅鸣叫。这种蟋蟀，为专挑打斗型蟋蟀的饲养者所淘汰，但它却是挑选鸣叫型蟋蟀的饲养者最喜爱的类型。

至于蟋蟀的鸣声，有音色浑厚凝重的，有声调高尖清脆的，也有鸣声微弱且略带嘶哑的，这要根据饲养者不同的爱好来进行选择，各有所爱，并无谁好谁坏的区别。

如何挑选大蟋蟀

鉴别大蟋蟀是否优秀，不论从听其鸣声的要求出发，还是从打斗的凶狠度出发，挑选的标准都是一致的。

标准是身长体壮，头大，背宽，大腿粗壮有力，大腿胫节上的刺要长而尖，无残缺，前翅要长而大。

大蟋蟀的头部，要求有光泽，金光发亮者即为佳品。

其后翅也应挑选长大的，因其后翅越长，即表明身体越强健。

另外，大蟋蟀的体色以深暗的为好，也体现其体质的结实。

如何挑选善斗的蟋蟀

用以打斗的蟋蟀，要识别其优势，从其身体的各部分来进行观察和区分。

首先，因为蟋蟀打斗交锋是用头撞头的方式进行的，因而，头是一个关键部位。善于打斗的蟋蟀，头要大，头大的蟋蟀才能显出其雄健、剽悍、有力。

优秀的蟋蟀，不仅头大，而且头顶心是锃亮而有光泽的。头形高而圆，像寿星的头那样凸出的是上佳的头形。除前额凸出外，两只眼睛要生得比较高位。被称为“柿子头”、“宝石头”、“菩提头”、“蚱蜢头”的，也属较为可取的头形。反之，尖头小脑，显然属于劣种。

其次，还要从头的颜色来辨别。头色呈青金色、紫樱桃色、黄古铜色者，皆属上品，但比较少见，不易获取。纯黑色和纯白色者次之。若既青又白，中间有混合色者，并非良种。

有些蟋蟀脑门上有细细的直纹路，被称为“麻路”，这种虫的头称为“麻头”，它与额前有一条白纹的一起被认为是上好的类型。而有羊角、牛角式斗纹，都属于打斗不堪一击的次品。

从眼睛部位观察，额角上显现漆黑色的为上品，眼中似有金光闪闪者亦为佳品。此外，优质蟋蟀的触须一般是粗而长，而且转动灵活自如。若触须出现弯曲或须梢卷曲者，则为衰老或有病的蟋蟀，说明其寿命已经不长，更谈不上进行打斗了。

蟋蟀的打斗，主要是依靠其锋利的牙齿作为战斗的武器，所以门牙是否坚硬锐利是判别其是否具有战斗力的重要标志。从外观上看，牙齿干亮而不软润，就是善于打斗的，特别是牙钳中的锯齿要尖锐而锋利。

从牙色看，最好的是金色牙，其次是紫色牙，银白色的也较可取，其他如粉红色、黄褐色、猪肝色等，都属次品。

总之，选择的斗蟋蟀头要大；头部颜色要真青、真黄、真紫；眼要凸，炯炯有神，眼角要黑；脸要长而方，黑或紫。牙齿要干亮，色金或紫或银白。

打斗蟋蟀选择要诀

八忌

1. 头忌扁浅脑重皮黄。
2. 斗丝忌粗短呆板。
3. 项忌浅勒薄破。
4. 翅忌松薄不皱。
5. 腿忌短瘦薄软。
6. 足忌短小细弱。
7. 肉忌粗松不润。
8. 尾忌黑粗弯曲。

九弃

1. 弃羊角斗丝。
2. 弃僵须呆齿。
3. 弃破头裂项。
4. 弃灰头丹额。
5. 弃金银道冠。
6. 弃红铃满背。

7. 弃头有晕斑。

8. 弃酒醉猫脸。

9. 弃头项脱节。

五不选

1. 战须短而细不选。

2. 翅色油滑不选。

3. 背空、肋细、腰硬不选。

4. 扁薄窜溜不选。

5. 色不纯正不选。

十不斗

1. 无情不斗。

2. 并翎不斗。

3. 色淡不斗。

4. 牙损不斗。

5. 头昏不斗。

6. 翅松不斗。

7. 尾垂不斗。

8. 腿撼不斗。

9. 卷须不斗。

10. 沾油不斗。

油葫芦简介

油葫芦又名结缕黄，由于其全身油光锃亮，就像刚从油瓶中捞出似的，又因其鸣声好像油从葫芦里倾注出来的声音，还因为它的成虫爱吃各种油脂植物，如花生、大豆、芝麻等，所以得“油葫芦”之名。

油葫芦属直翅目蟋蟀科。体长 20～30 毫米，宽 6～8 毫米，触角褐色，长 20～30 毫米。体色有黑褐色、黄褐色等多种，浑身油光闪亮。头部黑色，呈圆球形，颜面黄褐色，从其头部背面看，两条触角呈“八”字形，触角窝四周黑色。两复眼的内上方具有黄条纹，直达头后部。雌性的产卵器长达 2 厘米。前胸背板黑褐色，有左右对称的淡色斑纹，侧板下半部淡色。前翅背面褐色，有光泽，侧面黄色。尾须很长，能超过后足股节，色较浅。雌虫的产卵瓣平直，比后足股节长。

油葫芦在我国分布极广，几乎各省、区都有，分布较多的省区有安徽、江苏、浙江、江西、福建、河北、山东、山西、广东、广西、贵州、云南、西藏、海南。

油葫芦喜欢栖息在田野、山坡的沟壑、岩石缝隙中和杂草丛的根部。它以各种植物的根、茎、叶为食。它白天隐藏在石块下或草丛中，夜间出来觅食和交配，雄虫筑穴与雌虫同居。当两只雄虫相遇时，与斗蟋蟀一样，会相互咬斗，有互相残杀的习性。

油葫芦在我国大部分地区 1 年发生一代，以卵在土中越冬，在翌年春末天气转暖时化为若虫，夏末时化为成虫，夏末秋初为其旺发期，此时荒野之中，到处都可听到其鸣声，此起彼落，连续不断。

油葫芦的挑选

挑选油葫芦主要应从“体、色、翅、声”方面挑选。

体 是体形和体质。油葫芦要选个体大、头大、咬钳宽广的，体大才健壮，寿命长，鸣声洪亮。体小多为先天不足，发育不良，或有伤病，寿命短，鸣声弱而涩。

色 是体色。人们大多喜爱浑身乌黑油亮的油葫芦，认为它体色纯正美观，观赏价值高，鸣声也较悦耳动听。其实，这点并非绝对，只要颜色鲜亮，不论金黄色、红色、紫色、棕色都有优质的，同样有独特的观赏价值。

翅 是指翅的长短。一般是翅膀越长，鸣声越响亮，如前翅盖至尾端的，则是百里挑一的长翅佳种，鸣声必然响亮。另外，翅端钝圆，鸣声也必然响亮。

声 是指鸣叫的声音。要挑选声音洪亮婉转、颤音拖长如“居……优、优、优”者，其“优”音可重复5~6次，长者可达9 次，这种虫被玩赏者美其名曰“九转油蛉”。

此外，如听鸣音，则应选头小的油葫芦，因头小者比头大者更肯鸣叫。

如何分辨蟋蟀的雄雌

1. 雌性蟋蟀尾部有三根须，就多中间那根是产卵器官。雄性蟋蟀尾部有两根须，体形一般较雌性大。

2. 雌蟋蟀的翅膀没有发声的构造，翅膀的花纹与雄蟋蟀不一样，从这也可以分辨出它的雌雄来。

如何辨别蟋蟀是否衰老

在虫的脖颈与翅的相连之处，有两个眼镜形的白色块，早期看不太清，后期则渐渐明显，由原来的浅白变为白色且有光泽，这说明虫已开始变老，再后来，白色渐渐转为灰白色，光泽消失，说明此虫已经衰老，不可再行出斗，斗则必败。

读懂蟋蟀鸣叫的含义

蟋蟀最为人们所注目的是它们的鸣叫声，它们“演唱”的乐曲，大致有以下 5 种含义：

1. 在和平时期，不受任何干扰时，常能鸣奏“畅想曲”。鸣叫声恬然自得，音色清纯亮丽。人们平时欣赏到的就是这种声音，同时也是区别个体间品质差异的鸣声。

2. 有一部分蟋蟀在见到敌手后，会先发出叫声起威慑作用以期吓退敌手。声音激而短促，据测定，音量往往高达 66 ~ 72 分贝。

3. 两雄相遇，挑衅鸣叫，以壮雄威。若决斗获胜，则高奏“胜利进行曲”，以显神威。其音色洪亮，鸣叫不息，音量更是高达 75 分贝。

4. 交配前的情话，雄蟋蟀通过叫声，可使雌蟋蟀向其靠拢，一雄一雌两只蟋蟀尾部靠拢到后爪能触及的位置，此时雄蟋蟀开始唱起情歌，叫声婉转而轻柔，直到雌蟋蟀进入状态时叫声才停止，进入交配。

5. 当一对情侣交尾做爱时，常会发出表示愉悦的鸣声：“嘀铃……嘀铃……”，犹如一曲“凤求凰”的“爱情曲”。

蟋蟀的鸣声也是颇有名堂的，不同的音调、频率能表达不同的意思。两只蟋蟀夜晚响亮的长节奏的鸣声，既是警告别的同性：“这是我的领地，你别侵入!”同时又招呼异性：“我在这儿，快来吧!”当有别的同性不识抬举贸然闯入时，那么它便威严而急促地鸣叫以示严正警告。

如何捕捉蟋蟀

秋天，是捕捉蟋蟀的大好时期。首先要弄清楚蟋蟀的生态环境及它们的生活习性，才能捕捉到质优的上品蟋蟀。蟋蟀的栖息地是决定虫质优劣的关键。通常情况下，生活于碎砖乱石堆中的体质强壮；生活在泥土杂草间的体质虚弱；穴居于荒土向阳处的则品质低下。在自然界，总是强者繁衍，弱者淘汰。因此在人迹罕到之处，如荒山野岭、古刹废墟、瓦砾碎石间，均能捕捉到优质蟋蟀。而在一般瓜豆菜地、田垅路边生息的蟋蟀，往往品位一般，当然偶尔也会冒出个别上品蟋蟀。宋朝贾似道在《秋蟴促织论》中，有这样一段话："出于草上者，其身则软；出于砖石者，其体则刚；生于浅草瘠土砖石深坑向阳之地，其劣性。"指出了生长在不同环境中的蟋蟀的不同特性，可作为捉虫、选虫的总的依据。

每年立秋过后，蟋蟀开始长为一只成虫，但这时还不能马上入手捕捉，应让其在土中生长一些时日，以吸收自然界的养分。至处暑前后，虫体成熟了许多，此时就可以开始捕捉了。捕捉时间大致从处暑开始，可持续到白露后 1 周左右（北方稍早），再后因为天气转冷，蟋蟀或因饮食寒凉露水而虫体亏损，或因挖土御寒而牙齿损伤，故而白露稍后的蟋蟀，就没有什么捕捉价值了。

捉虫时间分白天和夜间两种。白天可以在中午稍后的一二点钟左右，听结铃声来捕捉。此时捉虫的好处是，蟋蟀结铃迫切，铃声连绵不绝，容易捕捉到声源。不足之处是白天易受干扰，蟋蟀见光之后跳得极快极远，捕捉难度比夜间大。晚上捕虫，可从八九点钟开始，至次日凌晨四五点钟，尤以2～4时这段时间效果最佳。此时捕捉的优点是，更深人静，万物无声，干扰少，鸣音清晰，而且上品之虫大多要到此时才开始鸣叫。不足之处是上品虫的鸣叫声太短暂，间隔时间又长，易使捕捉者错过机会。晚上抓蟋蟀的必备工具：手电筒、蟋蟀网、细铜棒或木棒（铁的容易锈）、水一瓶（是专门对付在小洞洞里的蟋蟀，网罩着洞口，对着洞口把水往里灌，灌得猛一些，否则没用，蟋蟀灌不死的）、一些碎苹果屑（是放置在难以入手的地方，所以只能用水果的香味把蟋蟀引出来便于抓捕）。

此外，雷雨过后半小时左右，正是各色蟋蟀盛鸣之际，此时虫不论优劣大小，都在草根叶下、墙阴砖缝等处振翅高吟，选择机会多，对此也不可忽视。有道是“天时不如地利”，捕捉蟋蟀也是如此。虽然是适时而捉，但如果地方选择不当，非其地而捕，那么到头来也会使人空忙一场，常常是一夜辛苦，到手的只是一些细小的不堪入盆的次等虫儿。

选好了时间、地点，还要有好的捉虫技巧，才能保证一只只上等虫儿手到擒来。一般到了野外，四下里都是此起彼伏的虫声，这就需要从中听出虫的优劣了。总的来说，要选择那些声音洪亮、雄浑的虫下手，要找准这种声源。随着季节的不同，它们的声音会有一些细微的差异。

早秋时节，应以鸣声苍劲刚烈的作为捕捉对象。若其声抑扬顿挫并呈间歇性的，以及鸣声虽不高，但其声调坚实有力，属于“实声”的，更是不可轻易放过。长衣、阔翅之类的蟋蟀，鸣声多宽大、沙哑，它们的声音特别容易区分，这也是捕捉对象，不可轻弃。实践证明，那些上好的蟋蟀，往往是鸣叫快捷有力，震动人心。至于那些鸣声尖小、连续不断，或声音虽高，但听去却给人一种空洞感、全无节奏，则完全可以弃之不顾。到了中秋时节，虫鸣声要以响亮、刚烈的为好，那些发出宽大而沙哑声的，往往是日趋苍老的垂暮之虫。上品佳虫的鸣声，不但具有上述短暂、快捷、有力的特点，而且每次连续鸣叫的次数，总是单数，即每次急鸣三声、五声、七声，这也是一种区别蟋蟀优劣的依据。如果在白天听铃声捕捉，方法也大致相同。早期以铃声缓慢、略带沙哑、个头儿较大者多为上品之虫，那些铃声急促、声音清脆的，多为小个儿劣种。到了中秋时节，铃声以稍急而响亮的为佳，时近晚秋，对其不应轻易放过。至于那些声音缓慢、沙哑的，必为垂垂老矣的衰弱之虫。

蟋蟀的饲养与管理

饲养蟋蟀的笼子类型

陶钵饲养笼 以直径 15 ~ 17 厘米、高 8 厘米左右陶罐制成，上面用铁纱或塑料纱制成盖子。其优点是：陶土制品具有微量的水分，与蟋蟀的生活习性相近，适于它作较长时间栖居，对其健康有利。缺点是：罐底是圆形的，若用做打斗之用则缺乏长度，蟋蟀剧烈拼斗时的进退余地太小。

长方形饲养笼 塑料箱，一般长 20 厘米、宽 12 厘米、高 8 厘米左右，上面也用铁纱或塑料纱制成盖子。其优点是：比较宽敞，里面除可放些半潮沙土外，还可放些拱形的瓦片，留着孔隙让蟋蟀避晒、避光，以获得宁静的栖息环境。沙土上还可栽些小草，既能让蟋蟀像在自然环境下那样舒适地生活，利于储蓄体力用于打斗，又利于饲养者较好地观赏。

竹制长条形饲养笼 这种饲养笼是用直径7～9厘米、长20～30厘米的竹段一劈两半制成，再用许多根与编结毛线针差不多的细而圆的竹篾，其长度与竹笼上口相等（与竹筒的直径相等），穿插在竹筒的劈口处，每隔0.2厘米穿插一根，两头用半圆形的竹闸闸住防止其逃逸。一个这样的竹笼，中间用半圆形竹闸作隔栏，可以养3～4只甚至5～6只蟋蟀。其优点是：除了可以养多只蟋蟀外，由于它是长条形的，很便于作为蟋蟀打斗的场所。其缺点是：若较长时间饲养，竹笼子略显干燥，不如陶罐那样可以吸收一点地气。要根据当时空气干燥的程度，每隔1～2天向笼子内喷点水。

蟋蟀罐的挑选

1. 听音，取掉盖子，弹击一下听到有“啷啷”的音是好罐。

2. 放到水里合上盖子打转，听到“吆吆”音说明材质较细，盖子密合性好。

3. 取出放置水中，能较快挥发的是好罐（5分钟左右）。不过这点要看是初秋用的罐还是深秋用的厚罐。

注：新买来的火气重，蟋蟀进入后不服盆，可放老茶叶水浸泡几日去火气，每年依此法做。

蟋蟀盆的挑选

养蟋蟀所用的盆款式多种多样，这是为了满足人们的好奇心理和玩赏的要求，而对养蟋蟀的好坏并无任何影响，倒是在实用性的选择上有一番讲究。蟋蟀盆款式虽多，但不外乎天地落差式和天地落盖式两种，在这两种造型的盆中，以天地落盖式为佳，这种类型的盆，包括直筒盆、和尚盆、井盐等一切上下没有孔眼的虫盆。这种盆密封好，蟋蟀养在其中，外面的声音传不到里面，而里面蟋蟀的鸣声也不大容易传到外面，这符合蟋蟀静养的要求。如使用天地落差盆，其盆盖中央有一小孔，容易传声，虽说安有铜拎扣，但总有一丝光亮透入，容易诱使蟋蟀爬盆跳盆。有的蟋蟀（而且常常是一些上品好种），会跳上去倒挂在这孔眼处，开盆时拎扣多少总会有些转动，容易碰伤虫体，而且伤处往往在不大容易被察觉的肚皮上，养蟋蟀者不知，上场一斗就吃败仗。

蟋蟀的大小与重量

蟋蟀（下简称虫）的大小，以笼拍（笼形、拍子）、重量两项指标确定。笼拍是指虫外观形状大小，只能根据经验用眼比较评估。在购虫时，一般不用“横”称虫重量，只凭眼看虫的笼拍大小，确定其价格。北方鲁、冀、皖、京、津等地合沪3斟笼拍的虫称6厘，而南方杭州、绍兴一带3斟笼拍的虫称一厘半。这说明，虫的笼拍大小称法各地之间有明显差异。

称虫的工具，老法用戥秤，现改进为“横”。1988年前，吊斗用的“横”，各地计量单位很不统一。京、津、鲁、冀北方等地，虫的重量用“厘”来计，称重6厘虫等于沪“横”3斟，称小厘。而南方杭州、绍兴等地，称一厘半重的虫合沪“横”3斟，故称大厘。还有苏、锡“横”（无锡、苏州的“横”），是用“点”做重量单位，以5~80点合沪“横”一斟。一只重3斟的虫折合苏、锡“横”达150~240点。

自1989年上海组织“维多力·济公杯蟋蟀邀请赛”和1996年上海旅游节的“老庙金秋蟋蟀擂台赛”后，因参赛单位涉及全国各地，在比赛中，虫的称重用沪产“横”来进行的，故沪“横”的“斟”，顺势推广，各省市玩虫者逐渐接受使用。现在连鲁、冀、皖、浙、京、津等虫贩在销虫时，大小也常用上海的“斟”来表示了。

那么这个度量蟋蟀重量的“斟”，它的重量具体到底是多少呢？经用万分之一天平测算：1克=1000公丝，550公丝=2斟半、590公丝=3斟、635公丝=3斟半、670公丝=4斟、700公丝=4斟半、735公丝=5斟。一只4斟半的大蟋蟀仅0.7克。

蟋蟀的人工饲养

选种配对 人工繁殖蟋蟀的目的是获得体大、善斗的上品蟋蟀，所以挑选留种的雌、雄蟋蟀很重要。

挑选雄虫的要求应该都是将军虫，一般避免用斗败的蟋蟀留种。

选择雌性三尾应体大，产的卵也大，以后孵出的幼体个头也大。三尾在早秋季节就要收养，此时三尾刚刚羽化，在野外交配次数不多，有些还是原雌。如果在中晚秋捕捉，三尾在野外已交配多次，大腹便便，腹内的种气已经混杂，不能达到培育良种的要求。早秋捕得形大的三尾，也要精选出头大、脸长、斗丝贯顶、顶宽、体形丰厚、翅长、六爪白净、肉身细洁、色不浑的，以供育种之用。

留好了理想的雌雄良种，配对时要注意以下几点：1. 配对的雌雄蟋蟀最好选用同色虫。如头色、斗丝的颜色及虫体颜色等要相同或相似，这样孵化出来的后代颜色比较纯，便于精选定色。2. 配种的雄蟋蟀一定要养到可以出斗前后，最好在秋分节后进行正式配种，此时的蟋蟀是健壮时期。配种后所产的卵得到的后代也最强壮，种也纯。3. 雌雄蟋蟀配种（结铃）最好 3 ~5 次，这样可以确保产出的卵完全受精。

产卵保存　结铃后的三尾，一定要找个地方产卵。因此结铃前必须先准备好产卵的工具。取一只30厘米左右的瓦盆，洗净后在日光下曝晒消毒；取黄沙适量洗净，在炉上炒干消毒；取园土适量，搅碎晒干；砂、土按1:5加水适量拌和，以下见干土为宜，不能过湿。铺入瓦盆约7～8厘米厚。将要产卵的三尾养入，它便会在土中产卵。也可用吸水性好的卫生纸或餐巾纸卷成直径似2分硬币一样粗的纸条，围在盆的四周滴水使纸湿透。这样三尾也会在纸卷内产卵。一只雌蟋蟀一生中产卵约200粒，孵出的若虫中雄性的约占1/3，其余都是雌性。而若虫要养到四龄以上才能辨出雌雄，这给人工孵化饲养蟋蟀加大了工作量。把三尾产出的卵轻轻取出，用放大镜细心观察，可以发现卵的形状略有不同。一种卵的形状两头比较尖，而且数量不多；另一种卵两头比较圆，比前一种卵略短略粗，数量远比两头略尖的卵为多。实践证明两头尖的卵多数是雄虫，而两头略短、略粗的卵是雌虫。在孵育前将卵从土中挑出，根据需要进行选择。不管是选雌性卵还是雄性卵，一定要选卵粒饱满，色泽均匀，卵粒大，长约在2毫米以上的。在自然环境中，一般在5月中下旬或6月初，若虫便破壳而出。但是人工收集的虫卵放置在室内，比室外温度要高，所以卵的孵化时间要比室外略有提前。如果不想使卵过早孵化，可以将盛卵的容器搬到室外，放置在阴凉潮湿的地方，使卵和自然环境温度保持一致，若虫出土的时间就不会提前了。但是要注意，有卵的土质要保持一定的温度，不能让土太干，否则卵易死亡。当然土也不能过湿，以湿而不渗水为佳。

孵化饲养　孵化前，将卵按要求挑选出，放置在容器内。容器底部应有泥土。虫卵放入后，再用一层薄土覆盖（土必须碾碎晒干，然后洒少许水）。隔3～5日，应该用水稍稍浇洒一次，使泥土保持一定湿度，可保证虫卵的顺利孵化。浇洒的水应该用清洁的河水或雨水。如果用自来水，必须放置多日再用。

1. 孵化温度。蟋蟀的卵在温度25℃～30℃时开始发育孵化。越冬卵到四五月份，温度便达到25℃～30℃。从卵孵化为若虫，一般需20～25天。在保持一定湿度的前提下，只要给予适合孵化的相应温度，若虫便破卵而出。所以在人工繁殖时，只要创造虫卵孵化的条件，虫卵几乎在任何季节都可孵化。

2. 养殖场地。若虫孵出后，应有一个良好的生存环境，这对若虫的生长发育很重要。所以在若虫孵化出壳前数日，就要选择一个理想的人工养殖场，并着手做准备工作。养殖场的土质一定要好，其一是土质疏松肥沃；其二是没有被有害物质污染过。养殖场地要高爽，排水性好，不易积水，养殖场的四周环境要好，没有化工厂，特别是没有排放废气和含有害物质污水的工厂。选择好场地后，最好翻地一两次，达到松土除害虫的目的。然后添一些有机肥料和青饲料，使土质肥沃且富含腐殖质。然后种上一些不含异味的瓜、豆、麻类的植物，使阳光不能直接射在养殖场的地面上（这里要注意养殖场决不能选择太阳晒不到的荫处）。在这样生长发育的理想场所，如果在场地再放进一些房顶用的陈旧小瓦片、砖块，这样若虫有了更多的藏身栖息之地，既改善了蟋蟀生活的环境，同时也可以提高放养的密度。

3. 若虫饲养。若虫在生长发育过程中，须定时投放人工配制的饲料。人工饲料的加工是用当年的新籼米，不淘洗，磨碎，加入适量熟黄豆粉（约是米粉的1/5），再掺入一些富含钙磷的骨粉、血粉、肝粉、鱼粉等充分拌匀，放入容器保存，以后拌水煮熟投喂。也可捕捉蝗虫、蚱蜢之类的小昆虫杀死烘干，磨碎以后拌入蔬菜瓜果之类含维生素、纤维素丰富的食物。豆类植物不可生食，其他植物应该生喂，以保证植物的原有营养成分不受损失。

喂养应该采用定点的方法，便于每天清扫，但是要多放几个点，喂食可以1天两次，早上和晚上各一次，其中以晚上一次最为重要。蟋蟀畏光，属夜行昆虫，一般白天大多躲藏在洞穴中，到了夜晚再出来活动觅食。在养殖时，如发现若虫很喜欢吃米虫、豆虫之类的小生物，可以经常投喂一些。

蟋蟀若虫处在生长发育的阶段，营养过于丰富虽然会使虫体发胖，但头项部位也会随蜕皮而放大，所以若虫阶段可以不考虑控制食量。但是，不控制食量并不是就可以大量投喂脂肪、蛋白质含量都比较高的食物。蟋蟀在若虫时期，体内会分泌出保幼激素，保幼激素分泌的多少，直接决定若虫期的长短。

虽然蟋蟀的食性很杂，但是在野生环境里主要还是以素食为主，过多地投喂荤食，有可能会打乱蟋蟀若虫体内保幼激素的分泌，从而使蟋蟀的若虫期缩短，提早蜕化成成虫。

室内人工繁殖 如果没有理想的室外养殖场地，室内也可以人工繁育蟋蟀。在室内繁育蟋蟀，可用口径25～30厘米的瓦盆，内放培育土约5厘米厚。培育土配制：选土质良好肥沃的园土，在阳光下晒干消毒，加入一半蚯蚓粪土，用冷开水或清河水拌匀到不见干土，但也不能太湿，土表覆盖5～6片薄的小瓦片，可让若虫藏入其中，以防换食时受惊。瓦片最好用陈年的旧瓦片，并用开水煮沸数分钟。刚孵出的若虫，每盆约饲养20只，盆口蒙上纱布，再盖上厚纸盖，可防止若虫逃跑。若虫长到约5毫米时，每盆养若虫10只。若虫长到近10毫米时，要分开单独饲养，用口径10厘米的瓦盆，也要铺上培育土和小瓦片，直到羽化成成虫。喂食要比室外养殖细心周到，一二龄若虫可不用喂水，喂食以米粥加入其他营养品为主，经常投些青饲料。每日傍晚喂食，并清扫食床（放食物的地方）。每日注意吃食情况，如发现食量减退，要找原因，设法改变食谱，喂食一定要多样化。三龄以上若虫可适量喂些水，方法是在2分硬币上滴一滴清水。若虫大了可用水盂喂水。

室内繁育蟋蟀还要注意以下几点：1. 室内要通风，没有各种异味，如油烟味、香烟味、蚊香味等。2. 不能让盆内的土太干，盆内盆外常喷水，特别是盆外更要多喷几次。3. 不能用自来水和矿化水，最好用郊区清池塘水或清河水。有了室内繁育斗蟋的条件，只要将蟋蟀产的卵放在约30℃的环境下保持一定湿度，最多经过45～50天，若虫便可破壳而出。当然卵离产出时间越长，孵化所需的时间就越短。只要培育适当，在寒冷的冬天也可聆听蟋蟀的鸣叫，观赏蟋蟀的打斗。

蟋蟀的早秋饲养

从立秋到白露后一个星期之内，称之为早秋。早秋时节，天气仍似暑日，还是非常炎热。这时蟋蟀又刚被捕获，在这一阶段的饲养，应比中秋、晚秋更要仔细认真，尤其在喂食、洗浴方面，更须细心。

洗浴　早秋，蟋蟀刚捉回或从外地带回，应进行一次彻底的洗浴。不论以后给不给虫洗浴，这一次洗浴不可缺少。洗浴时，水要勤换，一般每洗三五只，就要另换净水。一般每隔两三天，就应该给虫洗浴一次。浴虫的方法是，取一只小型、敞口、较浅的容器，内放净水，用适宜的搅拌工具在水里搅拌，使它慢慢旋转，然后将蟋蟀放在虫罩上，连罩一起浸入水里，一两秒钟之后提起，将虫罩放在一块干净的毛巾上，让其自由爬行以吸去水分，如果大腿根等部位的水分一时不易干的，也可用草革拂去，稍后即可归盆。

但是，也有人认为，蟋蟀捉回后，只要经过一次彻底洗浴，以后就不必再洗浴了，尤其是北方虫，更不必经常洗，平时水盂中的饮水保持常净常满、虫盆始终保持洁净即可。这也是可以的。不仅是北方虫，就是南方虫，经过第一次洗浴之后，就不再给它们洗浴了，除非它们经过一场格斗，过半小时后，才给予洗浴，这也是消除其疲劳的一种方法，不斗则不浴。不论养者平时给虫洗不洗浴，只要习惯于一种方法之后，就要持之以恒，坚持到底，不可时洗时不洗。

用盆 在每年的大伏天里，即立秋前的一两个月左右，就要将盆用清水或茶水进行一次清洗，洗去宿垢之后，放在烈日下暴晒，晒到盆底发白，然后将盆放于通风阴凉之处，不可沾染丝毫潮气，待养虫季节到来时应用。

早秋用盆，以老旧盆为佳，年代越长越好。因为这种盆一则经过人们长期的摩擦把玩，内外非常光滑，没有粗疵，不会伤损虫体；二则由于年代久远，盆体所含火毒之气已经消失，蟋蟀养息其中，就如同人们置身于百年老屋之中一样，阴凉畅快，利于静养。养虫用盆，大盆优于小盆，因大盆空间大，活动余地相对也比较大。

平时人们养虫，总在浴虫之后连盆也一起洗，以为可以清洁虫盆，使虫觉得阴凉舒服。其实，这样盆是冲凉洗净了，但因盆壁潮湿，使虫容易生病，往往养了没有多少日子，蟋蟀就开始烂爪花，即使不烂爪花，也大多没有脚劲，而养者又不知其原因何在。有的喜欢轮流使用两只盆，一只盆用着，另一只盆洗后晒干待用，这样做也多少有些不理想。最简单的方法是，只要准备一块干净布就可以了，用布擦去盆内脏物即可。这是否会使虫因天热、盆又很干燥而受损呢？其实这是完全不必要的担心。须知蟋蟀虽为天地微物，但其对于最佳栖身环境的选择，绝不比人类逊色，一旦天气太热，它会爬到水盂之中，借水消暑，根本不需要在盆上洒水，只要平日不忘向水盂中添加净水就可以了。另外，盆中要始终放一铃房，既便于虫结铃，又利于蟋蟀自选栖身之地。

平日对虫盆的置放也需留心，不可太靠近高温处，也不宜放置在阳光直线照射的地方。在早秋时节，虫盆也不可放在木板之上，这也许同古人对阴阳五行中“木生火”一说有关。如果要在木板上放虫盆，也要在板上先垫一块塑料膜或玻璃。按以往的老办法是，将蟋蟀盆一半埋在土内，上面架一个凉棚，这样既凉快又安静。但这一点现今绝大多数人做不到，因此也可求其次，将盆放置在水泥地、砖地、泥地上。放盆的房间，以通风性好、不易受油烟等气体影响为好。盆与盆平放时各盆之间要留一些空隙，对于特优佳虫，最好另室放养。

食物　蟋蟀刚捕入盆里饲养，因其在野外时食物很杂，现转入人工喂养，需要进行一次“清肠”。其目的是既可泻去体内的泥土杂质，又可以清除肚内的暑热之气，有利于今后的静养精养。“清肠”的一般做法是，先喂以捣成泥状的生毛豆，或者是煮熟去壳的绿豆，或者是浸泡过的青菜叶。这些食物喂一两天后，即可见其排出的粪便，由泥水相杂逐渐变为纯食物粪便，这时即可改为正常食物了。

在早秋阶段，蟋蟀的食物基本上以谷类为主，间或也可喂一些水果。在这个阶段，喂食以虫吃饱为准，而不必担心其他。所喂食物，一定要酥软，不可喂僵米，隔夜之食也不可喂。每隔数天，可取一些煮熟了的河虾肉、栗子肉、大豆类、冬瓜仁之类，总喂鸡、鸭、猪肉之类的油腻食物，日后会产生厌食和虫体泛油现象。在蟋蟀的食物中，不可沾有一丝酒、油、盐、酱之类的物品，蟋蟀如果接触了这些物品，其危害是很大的。食物的放置，一定要定时定量，食物数量，宁可多放吃不了，不可少放不够吃，一般虫在早秋时节，食量大的每天可食三四粒粥饭大小的食物，如果食物放置较多，它在吃饱之后就不再吃了，会自动做到定量。

饮水 蟋蟀的饮水有多种多样，总的要求是，水中不应含有杂质和异味。常见的有：腊月花木枝条上的雪水、山泉水（矿泉水）、井水、长流水（中医称清洁的河水为长流水）。如今一些大城市所用的饮水，漂白粉味特别重，必须将这种水放在敞口容器中静置几天，煮沸晾凉后再供虫饮用。

在早秋，还可以西洋参泡水饮虫，或取芦报、翠衣、甘草等份，生晒人参减半，泡水供虫饮用。

现今的养殖户，大多是养异地之虫，这就又涉及一个水土问题。对此，一般的解治方法都过于烦琐，唯有下述方法最为简单，即只要抓一点点该虫产地之土放于饮水中，蟋蟀饮后即不再有不适表现。总之，在蟋蟀的早秋饲养中，供给好饮水非常重要。蟋蟀也和人一样，可以较长时间处于饥饿状态而不死，但是却不可一日无水。尤其是水食分放的养户，更须特别留意，因为食物和饮水一起放置，饮水没有了，在食物中多少还有一些水分可以补充，如水食分别放置，缺少饮水，对虫的影响是很大的。另外，水盂中不缺水还有一个好处，天气非常炎热，蟋蟀就会自行爬入水盂之中洗浴，借以消去暑热，因此，在虫的饲养中，任何时候，特别是在早秋，饮水是千万不可缺少的，以防不测。

下三雌 通常早秋是不下三雌的，因过早下雌，也容易衰老，这是一般的规律。但也有一些早熟种，在早秋即开始求雌，而且十分迫切，一旦不应，就爬盆跳盆或者排出红铃、黄铃、浊铃。这种蟋蟀如用草在尾部往后一排，尾部就左右摇动不停或者颤抖，双翅铺开，并发出铃铃之声。对于有以上这种情况的蟋蟀，即可适时放入三雌，而不必拘泥于陈法。只是不可窝雌太久，养者要静候一边，一俟贴过铃之后，就需将三雌提出。

总之，蟋蟀的早秋饲养，是以静养为特点，食物可以喂大食。在这个阶段，切不可频频开盆观看，更不可在强光烈日下看虫品虫。除已到适斗时龄的早熟虫外，也不可开斗。平时也不能有事无事就用草拨弄一二，这都是养虫之忌。

蟋蟀的中秋饲养

从白露稍后的一星期起，至寒露近霜降这一段时间，称之为中秋阶段。在这段时间，虫已到中年，有的已经开斗，故对中秋时节蟋蟀的饲养，又另有一套具体方法。

用盆　中秋养虫用盆，在早期、中期，可继续使用早秋所用的器皿。到了后期，气候日寒一日，冷的日子随地区的不同而略有早晚，养虫者可以灵活掌握，在适当时候换新盆。新盆必须经过煮制，不能有火渍之气，并应同早秋一样，注意虫盆的清洁。

食物　中秋时蟋蟀的食物，基本上和早秋一样。可在此基础上，再适当拌喂一些煮透了的滋补类食物，如白茯苓肉、核桃肉、白扁豆、熟烂的河虾海虾肉。但需注意的是，这些食物一定要煮熟煮透，同时还要控制其比例，不能给得过多。另外，每隔四五天，还可喂一两只红头或金头苍蝇的头，或者米粒大小的地必虫肉。

饮水 中秋天气渐冷，虫的饮水不可再用荷叶露和中药饮水，因此类饮水大多性寒。这时可改用自制的中秋饮料给予饮用。这种饮料的配制方法比较简便，可用生晒太子参一味泡水，也可在早秋稍后，用乳制裁警、牛膝、白术、人参、甘草各等份，用净水泡制15天左右，到了中秋即可使用。

洗浴 在早秋有洗浴习惯的虫，到了中秋，洗浴可不必像早秋那样频繁，应随着天气渐冷而延长洗浴周期，可从早秋时的每天一浴、隔天一浴至此时的4~6天一浴，也可酌情不浴。

下雌 中秋下雌，是蟋蟀饲养的重要一环。但配雌一定要谨慎，以雄雌有情的合和为要，也不能使雄虫窝雌，以保持其旺盛的斗性。这时下雌一般所采用的方法是，夜里下，到晨提去，在每天的中午12时左右，再贴7次午铃。如此，既能保持其斗性，又不使之因无三尾而自泄虫铃或发生其他意外。

试口 时值中秋，蟋蟀已大多老足，此时应适当进行试口，以检验蟋蟀的斗夹品级，观察其进攻防守的能力和速度，从而调整今后的出斗计划。实际上这也是整个养虫阶段的最后一次决定性筛选。

试口应像正式格斗一样认真对待，试口前用食、饮水以及下三雌等，都要像正式出斗前一样妥善予以调理。试口用的勾头，宜选用那些体形略小或略有短处缺点而又善斗的蟋蟀，否则试不出真实情况。试口将两虫放于斗格中进行，斗格下面铺软草纸。通过试斗，发现那些落夹快疾、力大口猛、斗相超群的斗蟋着意珍养。

但在试口时，偶尔也会发生意外情况，即那些勾头反将自己所器重的蟋蟀斗败。对于这种勾头，应重新全面仔细地进行观察，找出两虫胜败的真正原因。如果所器重的将虫的确很好，试口前的准备工作也做得很好，倒是由于勾头饲养者所未看到的独特优点，就是说它是凭“硬件”取胜的，这往往有可能使其成为今后格斗中养虫者的压底之虫，应加倍爱护。而对试口中败北的将虫，也就只能忍痛割爱了。

归类 在中秋阶段，养虫者应对所养的斗虫，进行认真仔细的归类：即属一级品的归一级品，属二类品的归二类品；毛钳和开过口的熟错分开；早秋虫和晚熟虫分放。这样归类分养，就能做到井井有条，不会产生混乱和失误的现象了。蟋蟀饲养，大凡至中秋时节，犹如一个分水岭：体弱身差底子薄的虫，不论其身相如何，都呈老衰之态，基本上是过不了这一关的，这也是历年每到中秋，特别是中秋晚期，蟋蟀顿时少的原因。而那些先天素质好、入盆后又调养得当、后天也佳的蟋蟀，此时却大显其龙威虎威，能顺顺当当度过中秋，而在深秋勇猛征战。

蟋蟀的晚秋饲养

用盆 晚秋时节，天气已冷，这时用盆须用近年所产的新盆，盆位径比前期可略小一些。此时又因蟋蟀本身偏老等因素，已不如早期那样频繁活动。为了促使其增加活动量，可将盆底擦拭得光滑如镜，使之因站立不稳而经常走动。同时，可以用加温方法，使虫盆内的温度保持在20℃～25℃之间。

食物 晚秋时蟋蟀的食物，应力求精细和营养充足，一般可用清蒸鲫鱼肉、鳗鱼肉以及芝麻蒸熟之后捣成泥状，搅拌在粥饭喂之。渐至后期，蟋蟀食量比早期明显减少，并有拒食现象。这时，除继续采取上述的加温、擦拭盆底等办法外，应适当改善其食物品种，可以纯荤食物喂之，也可喂竹虫之类的小活昆虫。

饮水 对晚秋虫的饮水，应注意予以合理补养。可用中药红参、首乌、牛膝、旱莲草、甘草各等份，泡水饮虫。

洗浴 时至深秋，天气寒冷，所养之虫，一般可不再洗浴。如果必须洗浴时则一定要掌握水温。

下雌 到了深秋晚秋，原先所用的三尾多已大腹便便不堪配用。此时如果所替三尾较多，可另换元雌三尾。三尾少的，可将大腹三尾关养在一个放有水具泥土的大容器内，不使其听到雄虫鸣声，如此十余天之后，待腹中虫子产净，又可使用如常。在此期间，蟋蟀仍然不可缺少三尾，可以用其他三尾替代之。这时，应经常让雄虫与三尾过蛋交配，以保持其体内的畅通，三尾也不必再像早期那样频繁提落，放养在一起也不会有什么妨碍。

三尾养法 “未养蟋蟀先养雌”，这是秋央饲养配雌的一个总要求。三尾须在早秋捕捉，这样刚脱壳的原雌才多，在土中尚未交配，以后一旦需要则可快速贴铃。在数量上，如果条件许可，可多多益善，每只蟋蟀至少要为其准备四五只三尾，以供其轮流使用。选雌不重于色而重其身形。一般理想的虫形有乌头、弓背、细斗丝的驼背三尾；小头、大肚、长身的白肉三尾；小头、圆肚、短身的梅花三尾；小头、长身、长飞翅的飞翅三尾。其中最佳的是梅花三尾、飞翅三尾。此外，有一种红头、黄脑盖、粗斗丝、长腿足、形状凶恶的老虎三尾。此类三尾应坚决不要，因其常伤损雄虫。三尾一般要准备两批：一批是那些少足少腿残缺不全的三尾，以供当时使用。另一批则是生相完好的三尾，要另处流养，又可使其听到雄虫的鸣声，以待深秋斗前使用。三尾的饮食要多样化，除和雄虫一样的主食外，还要时常喂一些水果，同时应经常洗浴。对三尾的饲养，应该比雄虫更加细致小心。

如何让蟋蟀安全过冬

随着天气转冷，怎样才能把蟋蟀养好、让它活得长、斗得久呢？无非是饲料、环境和配雌三个方面。

饲料 入冬以后，随着虫龄渐老，蟋蟀的食量一般都会下降，尤其早期坐笼体重的虫更是如此。因此在喂食上要特别注意。这段时间要增加饲料中绿叶菜如油菜的成分，把菜叶用热水洗净后直接喂食，饭食为小米、红豆粥。要煮烂，且要比秋天稀一点，也可用油菜代替食饭板，把粥放在上面喂食。条件好的，可以在饲料里滴入少量人参蜂工浆和芦荟汁。南方常以茭白煮粟肉，效果亦佳，但都不能代替青菜的作用。

入冬以后，有的虫衰老断食，应常常喂小河虾肉，谓之开荤，但用量一定要极少，且虫一旦吃食应立即停喂，如吃荤食过多，虫虽有一时之勇，但会很快衰老，缩短寿命，因而这是一种不得已而为之的措施。

环境 入冬养虫，环境条件尤为重要。要想让虫长寿常胜，必须让虫有一个好的生活条件。一是盆：入冬后，应改用3年之内的新盆，盆底要光滑，促使虫的六足不断活动，而且温度相对较高。盆座从板下移到桌上或柜上，这样空气温度会高一点。二是室温：最好保持在20℃~25℃，如果没有暖气或暖气供应达不到上述条件时，可用一大纸（木）箱四周垫上棉花，中间可放小热水袋，把盆放入其中，上面用棉被盖好。但热水与盆之间一定要用棉花隔开，切不可让盆与热水袋直接接触，以防虫受热，同时不可把盆放在暖气上或火炉上去烤，这只会加速虫的死亡。在天气转冷之始，就要注意不使虫受冷，如虫较长时间（如2~3天）生活在10℃以下，或在5℃以下几个小时的环境里，以后即使再放到合适的温度之下，也很难再恢复虫的体质，从而会大大缩短虫的寿命。

另外，蟋蟀成虫之后虽喜爱干燥环境，但毕竟是在土中生长之物，过于干燥的空气对它生长十分不利。入冬之后，尤其室内取暖，空气较干时，要经常用湿布擦盆，并每天在水盆中加满清水，使盆内空气保持一定湿度，这样可延长虫的寿命。同时，要经常擦盆，保持盆的清洁，以免因盆过脏造成烂爪。烂爪的蟋蟀活动不便，会完全丧失战斗力，而且也会影响虫的寿命。

配雌 入冬之后，虫已进入老年，应注意配雌次数，一般不出现呼雌的要求可不再放三尾，即使呼雌时，过铃后亦应立即将三尾取出分盆饲养。此时过铃过多，会加速虫的衰老，不仅不能增强斗性，反而会缩短虫的寿命。况且，入冬后三尾所剩无几，往往需要动用虎头三尾，共养一处，还会不慎把雄虫吃掉，就更得不偿失了。

蟋蟀虽然有百日虫之称，但养好了，活到200天以上的也大有虫在。当然，要想把虫养得长寿，还必须选冷色虫，如是热虫，养功能再高也难以回天。入冬以后，人工孵化的冬虫上市，虽然只作为鸣虫来养，没有斗性，但按上法喂养，也可延年益寿，延长玩赏时间。

蟋蟀如何保温

全国各地气温差异很大，无法确定某一个节气开始保温，所以只能根据当地实际气温进行温控。饲养蟋蟀的最佳室内温度是22℃～26℃。一般室温低于20℃就出现冷叫声了，室温低于10℃蟋蟀就有被冻死的可能。室内温度低于20℃就需要保温了。三尾也要保温，否则下蛋效果很差。冬大蟋蟀保暖的最简单方法就是将盆（罐）放入泡沫塑料箱里或加热水袋，也可用电灯照明保暖或电热蚊香器（必须是新的，没点过电蚊香的）来保温。冬天大规模饲养蟋蟀必须使用空调房间，以确保最佳室内温度。

油葫芦的饲养

油葫芦的饲养首先须解决饲养器。饲养器因各地的传统习惯不同而不同，江苏及山东、浙江的一部分地区喜用养蟋蟀的陶制蟋蟀缸，而江西和我国中南部及南部地区，传统的习惯是用蟋蟀笼。近些年来，市场上还出现了透明塑料制长方形的虫笼。这几种饲养器都可以用在饲养时，有人认为可以将两只雄虫放在一起共养，只要食物充足就不会相残。但最好不要采用这种方法，还是分开饲养为好。两只雄虫一起饲养，必然会进行咬斗，而且战胜的那只雄虫一般都不肯就此罢休，会在笼中追逐不歇，最后战败的一只可能会被咬死。

油葫芦的饲料以植物饲料为主，可喂给丝瓜、南瓜、包菜叶、青菜叶、苹果、米饭粒等。入冬时，可喂点猪肉末或牛肉末，以增加其体内脂肪，加强其抗寒能力。饲料要经常变换品种，不要老喂一种。进入冬季前，就应注意采取保暖措施，将其放入葫芦内（留通气孔）饲养，外面可裹层棉花。它在葫芦内仍能鸣叫，当感到温热时会发出“热叫”，若温度降低时，它又会发出“冷叫”。不论冷叫、热叫，每次听到叫声就应加给食物。这样，每逢出现温差时，由于条件反射的作用，它就会鸣叫。当气温降至10℃以下时，可将它放在泡沫塑料小盒内（留通气孔），再放在家中焐饭锅内，底下放个50℃左右的热水袋，上面再垫2~3层布，装虫的泡沫塑料盒就放在布上取暖，早晚各换一次热水袋内的温水。也可将装有虫的小塑料盒揣在贴身的衣袋内保温，若处理得好，能使它多生存半年。

蟋蟀的鸣叫

蟋蟀在清晨4~6点的时候是鸣叫最长的，到了7~8点就不叫了。中午呼雌较多，为“结铃铃，结铃铃”，偶尔伴有一两声正常的叫声“句句句”。中午烈日当头时，蟋蟀喜欢躲在阴凉通风处，泥土上的碎砖、木板等遮盖物下最多，或是靠近栖息地的墙角等地方。到了晚上10点左右有少许蟋蟀鸣叫，1点至2点半左右鸣叫为最多，此时也是好蟋蟀鸣叫的时候。好的蟋蟀一般叫2~3声停顿5~10分钟左右再叫2~3声，有的甚至隔半小时叫2~3声或是不叫。

蟋蟀的叫声很重要，从鸣声中能辨别出不同等级。声音微弱、轻飘而刺耳的属次等品；鸣声虽较响亮，但不够凝重，属中等品；鸣声圆润凝重有力，有如钟声，则是上乘品种。

蟋蟀为什么好斗

因为蟋蟀生性孤僻，一般的情况都是独立生活，绝不允许和别的蟋蟀住一起（雄虫在交配时期也和另一只雌虫居住在一起），因此，它们彼此之间不能容忍，一旦碰到一起，就会咬斗起来。

蟋蟀是以善鸣好斗著称的。在蟋蟀家族中，雌雄蟋蟀并不是通过“自由恋爱”而成就“百年之好”的。哪只雄蟋蟀勇猛善斗，打败了其他同性，那它就获得了对雌蟋蟀的占有权，所以在蟋蟀家族中“一夫多妻”现象是屡见不鲜的。当然，从生物学进化论观点来分析，这也是自然选择，优胜劣汰，有利于蟋蟀家庭子子孙孙健康昌盛。

蟋蟀的某些行为可由特定的外部刺激所诱发。在斗蟋蟀时，如果以细软毛刺激雄蟋的口须，会鼓舞它冲向敌手，努力拼搏。如果触动它的尾毛，则会引起它的反感以及发怒，用后足胫节向后猛踢，表示反抗。这样就激怒它们了，这个时候两只雄性蟋蟀碰面，多半会打架的。

蟋蟀如何打斗

蟋蟀具有顽强无敌，勇决胜负的武士风采，被誉为“天下第一虫”。

蟋蟀的两雄对阵格斗、厮咬搏杀，常常精彩激烈且难分难解，使观战者大饱眼福。关于蟋蟀格斗的精彩场面，吴良等在《蟋蟀新谱》中有很生动的描述：“双方先是牙对牙互试功力，接着头对头‘争顶’，或是牙夹牙互摔。有时一方压倒了对方，对方略一停顿，马上又反扑过来；有时一方牙硬，能夹住对方不放，对方却弯身用后腿把一方踢开。一方受辱，随即反扑，用力猛推，把对方推得很远，以示报复。更有甚者，双方竟相互咬牙，刮刮作响，直至一方牙伤出血，但仍会继续猛斗。在双方势均力敌的时候，真好比顶牛一样。当双方互相摔开时，聪明的蟋蟀常常未胜先振翅高鸣，企图吓倒对方，但对方往往没有被吓倒，几秒钟后，两虫再次扑斗起来，……这些都是相持不下的激战，但有时也有仅几个回合就定胜负的场面。如此精彩的激战，难怪能吸引众多的蟋蟀迷和围观者。”

古时娱乐性的斗蟋蟀，通常是在陶制的或瓷制的蛐蛐罐中进行。两雄相遇，一场激战就开始了。首先猛烈振翅鸣叫，一是给自己加油鼓劲，二是要灭灭对手的威风，然后才龇牙咧嘴地开始决斗。头顶，脚踢，卷动着长长的触须，触角相接触用以试探，用大腭撕咬，互相推搡，唇边的触须疯狂地舞动，振翅鸣叫，不停地旋转身体，寻找有利位置，勇敢扑杀。对方从身后攻击时会用带刺的腿奋力踢击。几个回合之后，弱者垂头丧气，败下阵去，胜者仰头挺胸，趾高气扬，向主人邀功请赏。

最善斗的当属蟋蟀科的墨蛉，民间百姓称为黑头将军。一只既能鸣又善斗的好蟋蟀，不但会成为斗蛐蛐者的荣耀，同样会成为蟋蟀王国中的王者。

如何培育打斗型蟋蟀

培育用以打斗的蟋蟀，要识别其优势，从其身体的各部分来进行观察和区分。

首先，因为蟋蟀打斗交锋是用头撞头的方式进行的，因而，头是一个关键部位。善于打斗的蟋蟀，头要大，头大的蟋蟀才能显出其雄健、剽悍、有力。所以行家看蟋蟀，总是先要看头。

优秀的蟋蟀，不仅头要大，而且头顶心是锃亮而有光泽的。头形高而圆，像寿星的头那样凸出的是上佳的头形。除前额凸出外，两只眼睛要生得比较高位。被行家们称为“柿子头”、“宝石头”、“菩提头”、“蚱蜢头”的，也属较为可取的头形。反之，尖头小脑，显然属于劣种。

其次，还要从头的颜色来辨别。头色呈青金色、紫樱桃色、黄古铜色者，皆属上品，但比较少见，不易获取。纯黑色和纯白色者次之。若既青又白，中间有混合色者，并非良种。

有些蟋蟀脑门上有细细的直纹路，被称为“麻路”，这种虫的头称为“麻头”，它与额前有一条白纹的一起被认为是上好的类型。而有羊角、牛角式斗纹，都属于打斗不堪一击的次品。

从眼睛部位观察，额角上显现漆黑色的为上品，眼中似有金光闪闪者亦为佳品。此外，优质蟋蟀的触须一般是粗而长，而且转动灵活自如。若触须出现弯曲或须梢卷曲者，则为衰老或有病的蟋蟀，说明其寿命已经不长，更谈不上进行打斗了。

蟋蟀的打斗，主要是依靠其锋利的牙齿作为战斗的武器，所以门牙是否坚硬锐利是判别是否具有战斗力的重要标志。从外观上看，牙齿干亮而不软润，就是善于打斗的，特别是牙钳中的锯齿要尖锐而锋利。

从牙色看，最好的是金色牙，其次是紫色牙，银白色的也较可取，其他如粉红色、黄褐色、猪肝色的等，都属次品。

那些刚刚捕捉回来的蟋蟀有较强的野性，它在罐或笼内不肯安定片刻，常常是不停地满笼乱蹦乱跑，这时需要用带有丝毛的草在它的顶上微微碰触几次，才会慢慢地安稳下来，但要注意，不可碰触它的门牙或尾枪。

经过几天的喂养和调教后，蟋蟀会逐步熟悉新的环境，这时就可用它来进行打斗了。

蟋蟀常见病的防治

鸣　好虫不长鸣，鸣声不绝自有原因，此多因腹内生虫，可喂以甘草水。

结粪　虫有内热不排便，可用绿豆芽汁喂之，即愈。

足实　六足不动，久立不行，此因食了油、盐所致，可用川芎、术通泡水给蟋蟀洗澡（将其置药液中自愈）。

积食　虫不吃食，多因积食滞留不化之故，可用中药熟莱菔子研末拌饲，两日可愈。

窒欲　雄虫长时呼雌虫不至，欲火内结，铃门发黑，一旦见雌虫则追咬，此时可以柳树根煎水待凉后浴之。

冷侵 蟋蟀若出现翅衣松弛，懒于行动，鸣声缓慢，多系受寒冷侵袭所致，应将蟋蟀移离清冷处，并以熟附子煎汤喂之。

受热 虫所置处温度较高而受热，表现为瓶中急行或纵跳无定，可在水盂中放绿豆汁诱其饮之。

如所获为好品种的蟋蟀，一旦有病，应悉心喂养，对症施治，不可出斗。待其病愈体能恢复，行动刚劲，鸣声铿锵，方可初试沙场。

蝈 蝈 篇

蝈蝈的品种与选择

蝈蝈简介

蝈蝈是我国南北各地男女老幼都十分喜爱的鸣虫。北方人叫它蝈蝈，南方人叫它“叫哥哥”、“叫蛐了”，古人叫它“蛞蛞”、“聒聒”、“螽斯”，在春秋时代就被人们饲养了。因它能繁殖众多的子孙，故被古人视为兴旺的吉祥物。至今，民间还有在小儿摇篮边挂蝈蝈笼子的习俗。“蝈蝈”二字是谐其鸣声而得名。

蝈蝈分布于吉林、辽宁、内蒙古、宁夏、山西、甘肃、陕西、河北、河南、山东、江苏和安徽。由于生长环境不同，蝈蝈体色也各不相同。体色翠绿者，称为“绿哥”、“翠哥”或“三青蝈蝈”；体色黄中带白者，称为“糙白”、“白哥”或“草白蝈蝈”；体色紫红如铁锈者称为“铁哥”或“铁皮蝈蝈”。从体色价值来说，有“黄不如绿，绿不如黑”之说。

蝈蝈如按眼睛的颜色来分，绿眼又称翠眼；黑眼又称墨眼、乌眼；红眼又称赤眼、朱眼、珊瑚眼。以眼色价值来讲，也有“绿不如黑，黑不如赤”之说，其中尤以“红眼翠哥”与“黑眼铁哥”为好，因为它们颜色艳丽，色彩调和，令人青睐。

此外，在端午节后出现的蝈蝈称“夏叫”、“夏哥”，声音低弱；在立秋后10天出现的蝈蝈称“早叫”、“秋哥”，叫声洪亮；在晚秋后出现的蝈蝈称“冬虫”、“冬哥”，叫声柔弱。

雄虫体长35～40毫米，雌虫体长40～50毫米。全身鲜绿或黄绿色。头大、颜面近平直；触角褐色，丝状，长度超过身体，复眼椭圆形。前胸背板发达，盖住中、后胸，呈盾形。前翅各脉褐色。雄虫翅短，具发音器；雌虫只具有翅芽，腹末有马刀形产卵管，长约为前胸背板的2.5倍。前足胫节基部具听器，三对足的腿节下缘具黑色短刺并呈锯齿状。后足发达，善跳跃，腿节上常有褐色纵走晕纹。一年发生一代，以卵在土中过冬，成虫或若虫喜栖息于谷物田间或灌木丛中。喜食豆科植物的嫩茎与嫩果实。

蝈蝈的卵为淡褐色，长6～6.2毫米，宽1.6～2.1毫米，外壳坚硬。当年所产之卵全部都在表土层越冬，第2年4月天气湿润，卵迅速膨大，长增加44%～58%，宽增加93%～125%。孵化时卵壳破裂，虫体在另一层膜内蠕动，最后破膜而出，历时约2个小时。如天气干旱，卵期就延长到隔年孵化。卵期一般为244～270天。

在野外自然界中，若虫共要蜕6次皮。蜕皮时头向下，足抓住附着物，头胸蜕裂线先开裂，再是前足、中足、后足、触角及腹部蜕出，历时约65分钟，最后将蜕下的皮吃掉。

在野外的天然蝈蝈成虫多在上午羽化，经1～2周开始交配，历时30分钟左右，直至雄虫排出乳白色直径达10毫米的黏性精托，并附着雌虫生殖器内外，才算结束了交配。这时雌虫腹部向前弯曲，并用口咬食精托，将精子挤入贮精囊中，不取食精托则不能产生受精卵。蝈蝈一生可以进行多次交配。雌虫交配后2～3周就开始产卵，产卵期很长，怀卵后体重可增加3倍左右。产卵时腹部向上提，产卵管垂直插入土内，产卵瓣上下蠕动，将卵分批分散地产于土中。产完一批卵后抽出产卵管，用力向后弹土，封闭住产卵孔，再继续产卵。白天产卵比晚上多，7月上旬开始产卵，高峰期在8月，9月末或10月上旬结束。每只雌虫产卵200～440粒，每粒卵重14毫克。雌雄成虫寿命近似，一般都为80～90天。进入9月下旬或10月上旬，成虫就死亡了。

蝈蝈属杂食性。食肉性强于食植性。天然蝈蝈主要以捕食昆虫及田间害虫为生，是田间的卫士，是捕捉害虫的能手。蝈蝈只有在没有昆虫吃，饿急了时才会吃植物。蝈蝈如果同种放在一起，通常能自相残杀，一般雌虫吃雄虫的时候居多。

蝈蝈的分布与分类

按产地分类 蝈蝈在我国分布很广，按产地来分类，可分为北蝈蝈与南蝈蝈两大类，北蝈蝈优于南蝈蝈。北蝈蝈又分为京蝈蝈、冀蝈蝈、鲁蝈蝈、晋蝈蝈。

京蝈蝈 又叫燕蝈蝈。主要指北京山区和郊区的蝈蝈，北京人爱讲究西大山和东大同的蝈蝈。

燕蝈蝈 最有名的是安子沟的大山蝈蝈。北京以产黑色大铁蝈蝈著称。

冀蝈蝈 河北山区，每年蝈蝈产量大。以中小身量的草白（糙白）山青蝈蝈为多，间或有少量铁蝈蝈与绿蝈蝈。河北省蝈蝈以易县为主，名气最大。

鲁蝈蝈 主要指山东北部为主的地区，鲁蝈蝈又以绿蝈蝈为主，但头项部局部有泛红褐色的边纹，也有个头较大的。还有少量的草白和山青等中等身量的蝈蝈。

晋蝈蝈 山西作为主产小蝈蝈的地区，气候有些干旱，多产中小身量蝈蝈，以小个为主的山青、草白蝈蝈以及少量的铁蝈蝈。晋蝈蝈的特点是皮实好养，皮粗翅厚，叫声响，尤其以宣化蝈蝈最为出名，它耐干旱，生命力特别强。

按体色分类　从观赏的角度按体色分类，蝈蝈可分为五类：绿蝈蝈、黑蝈蝈、山青蝈蝈、草白蝈蝈、异色蝈蝈。

绿蝈蝈　绿蝈蝈多生在平原、农田、花生地、豆地、玉米地、菜地等农作物区。绿蝈蝈讲究的是通体碧绿，不带丝毫杂色，绿脸红牙，绿腿绿肚，红眼棕须，一双金黄翅（前翅膀侧区为鲜绿色）。绿蝈蝈翅薄，一般叫声偏高，但鸣声没有黑蝈蝈那样响亮宽厚。

黑蝈蝈　黑蝈蝈又称铁皮蝈蝈，通体都是青黑色，像铁皮的颜色，故又称铁蝈蝈。主要生长在北京郊外的山区，又以西山为主。正宗黑蝈蝈个大，皮坚翅厚，通体青黑色，紫蓝脸，红牙，粉肚皮，白、黄、深褐翅，黄绿膀墙，褐色前翅背，前翅侧区斑黄绿色或黄色，黑青腿，棕须，黑眼或棕眼。体色随时间、年龄的增大而加深，直到全身黑亮似铁，鸣声强劲有力，响亮，宽厚。一虫鸣叫能盖过群虫的鸣声。一膀一膀地叫，沉着而稳重，有大将风度。

山青蝈蝈　多在夏秋出现，生长在低山丘陵、灌木杂草间及干河谷、荒地、田野梯田之中。体色以灰绿为主，色淡且杂，头项腹腿之色也不怎么统一。山青蝈蝈肚色有绿、黄、白三种，是庄稼地里最常见的普通蝈蝈，不被爱虫者重视。

草白（糙白）蝈蝈　多在晚秋时出现，生长在山坡、丘陵、田边、地角、灌木杂草之中。通体色杂且淡，介于绿褐之间，似浅淡枯草灰白色，故名草白。天然草白蝈蝈因蜕皮较晚，故深秋长寿者较多，体质不错，皮实易养。

异色蝈蝈 蝈蝈体色最基本的是黑褐色与黄绿色，经过长期各地环境的影响与个体变异，又逐步衍生出了很罕见的中间色、过渡色，这就是奇特的异色蝈蝈。主要有：

①**红褐蝈蝈** 生长在北方燕山山区，红头紫脸，紫红脖项（红前胸背板），褐红腹背，粉红肚皮，紫红腿，红须、金黄翅，前翅侧区（俗称膀墙），鲜绿色，布满翡翠绿斑，个头也较大，鸣声响亮，强劲有力，长寿耐干旱，体色极美，实为罕见。

②**金黄蝈蝈** 生长在北方的太行山区，褐黄头，蓝脸红牙，褐黄脖项，黄腿黄肚黄须，金黄翅，唯膀墙翠绿，通体褐黄闪金光，鸣声宽厚低沉，苍劲有力，就像金光闪闪的盔甲在闪烁。这样的通体褐黄蝈蝈几十年也难遇一个，甚为稀罕。

③**蓝绿蝈蝈** 生于河北固安大提及鲁北，它是由绿蝈蝈演变而来的，其绿色特殊，通体呈蓝绿色，与一般绿蝈蝈体色有明显的不同。蓝绿头，个体肥大，鸣声响亮，调高音脆。蓝绿蝈蝈更是少见，纯正天蓝更是难得。

④**五色蝈蝈** 生长在河北山区与平原交界的坡地，是由褐黑山蝈蝈演变而来的，虫体分为五种颜色，棕褐头，蓝脸红牙，红褐脖项，棕胸花腿绿肚皮，金黄前翅，绿膀

墙，深紫色腹背板，虫体身披五色，各部色调鲜明，对比强烈，很是难得。虫体大，色足，皮坚翅厚，鸣声响亮，雄浑有力。

⑤**白蝈蝈**　生长在晚秋北方的丘陵沙砾荒地，由草白蝈蝈演变而成。体色很浅淡，微微带有灰褐淡绿之色，远看白色，白项、白胸、白肚、灰白腿、只有翅膀呈淡棕色，淡绿膀墙，银装素裹，个头中等，鸣声细脆而悠扬。

常见的蝈蝈种类

优雅蝈螽　体形粗壮，中等偏大，体长35～40毫米，野生蝈螽的体色通常为草绿或褐绿色。头大，前胸背板宽大，似马鞍形，侧板下缘和后缘镶以白边。叫声："极－极，极－极"。

暗褐蝈螽　体形同于优蝈螽，翅面具草绿色，条纹并布满褐色斑点，呈花翅状，故也称"花叫"。叫声："吱拉，吱拉"。

鼓翅鸣螽　体形偏小且娟秀，翅薄呈半透明，翅脉清晰可见，如妇人纱裙，故有"姐儿"之尊称。叫声："甲、甲、甲"。

素色似织螽　体形中等，虫体大部分为草绿，头部背面黄褐，叫声："丝扎－丝扎"，接近纺织娘，故有"小姑娘"之美名。

斑翅草螽 是一种常见种，体形小，体色为绿色和褐色两种。叫声："呲 - 呲"，中间有小停顿。

悦鸣草螽 体形与草螽相似，体色艳丽，深绿或黄绿色。叫声："齐 - 齐 -"，可连续鸣叫。

如何挑选蝈蝈

整体 要挑选个头大的，蓝脸，粉肚，紫膀筋，元宝肚，肚子大小适中，爪要大，爪花越大越好。须和爪力求齐全。

颜色 蝈蝈的颜色一般是深色的要比淡色的好。

项 要高要宽，否则叫时膀打不开，打不开则声不好。

翅膀 要大要长要厚。镜片愈大愈好，音锉、刮器要突出，闭膀时候不能有大的缝隙，要闭得紧，翅膀的颜色应该是绿色的，铁蝈蝈和金翅蝈蝈除外（分别应该是黄色和黄绿色）。

眼睛 瞳孔要小，瞳孔越小越年轻，老则混散。

叫声 蝈蝈的叫声可分为 3 个等级："脆叫"、"亮叫"、"老憨子"。褐黑色的"铁蝈蝈"，以其色深、鸣叫声厚重、洪亮而著称。绿色的蝈蝈，也叫"绿哥"、"翠哥"，颜色碧绿、鸣声清脆嘹亮，既好看又好听。

目前蝈蝈良种主要有：北京的"铁皮蝈蝈"和天津

刘园“绿蝈蝈”。这两地的蝈蝈通体色泽纯正，体壮，匀称，形体美观，头大成方圆形，面部发亮而无斑，眼大而黑中发亮，脖粗而方宽，触角长而柔，灵活自如。翅翼厚而大小适中，两翼重叠，翼端微微张开。选择应注意六爪爪花完整。总之要选头大背宽、翅宽。如翅须不太宽而长的为“筒子膀”亦为优者。两翅交搭处要严，不严的为“喝风”，不可取，两翅须高耸为“耷拉膀”的也不可取。

蝈蝈的鸣器与选膀

雄蝈蝈的鸣器是用两叶前翅摩擦发出醇美响亮的叫声，这种鸣声作用于吸引异性、呼唤同性、惊叫敌人。雄蝈蝈的鸣器前翅在背区，前宽后窄而扁，前翅背呈黄褐色，前翅侧区多呈绿色，多翅脉网纹，翅背很厚，翅侧较薄。一般雄虫前翅长为14～18毫米，也有少数的人翅者，长度可以达到20～30毫米。雌虫前翅短，一般在6～8毫米左右。雄虫前翅一般为左搭翅，即左翅盖于右翅之上。鸣叫发声时两前翅斜竖起，来回摩擦，从而发出巨大的声响。两翅愈发达（翅大且厚），摩擦就越强劲有力，叫声越大。

挑选优质的蝈蝈首先要选翅膀大且厚的。膀的背部还要平面宽而长。膀的背部平面要平展，上边的左膀紧贴于下边的右膀。闭膀时不能有大的缝隙，要闭严盖紧。音锉与刮器应该突出些，翅脉要饱满。左上膀的右边翅膀要足以盖够搭足在下膀。右下膀的鼓腹（镜片）愈大愈好。高膀立膀，静止时候两膀要在蝈蝈的背上离开肚，高高翘起来的为佳。膀墙愈宽愈大愈好，不论是黑蝈蝈还是绿蝈蝈，膀墙均应为绿色者，真正的黑铁蝈蝈或金蝈蝈（雄）前翅膀的膀墙应为黄色或浅黄绿色。

如何挑选叫了的蝈蝈

一定要把蝈蝈从罐子或葫芦里拿出来听，如果摊主不让拿出来那么最好别买，所谓真金不怕火炼。新脱的蝈蝈要和叫了的蝈蝈分开养，也不可以打须，一般在半个月左右走音完毕就基本定音了，新脱要挑蛤蟆音重的为好，不可以有杂音，也不可以只听开翅的前音，要听后音，看是否拉得开膀子，后音没有杂音的为好，一般都是前边几声叫的不错后边几声就批拉批拉的，那种不可以要，前音后音要一致。

如何分辨蝈蝈的老嫩

看肚皮 越嫩越年轻。

看眼睛 瞳孔可以看清是一个清晰的黑点，越小越年轻，老蝈蝈的眼睛混沌一片。

看膀墙 翠绿的年轻，老的就有无数黑斑。

看食欲、行动和攻击性 越强越年轻。

纺织娘简介

纺织娘又称络纬、筒管娘、络丝娘。体长 50 ~ 70 毫米，绿色或褐色，形似豆荚。头小，前胸背板前窄后宽，前胸背侧片基部多为黑色，前翅发达，超过腹末端，常有纵列黑色圆斑，雌虫产卵器弧形上弯，呈马刀状。其鸣声如“轧织—轧织”，故名叫“纺织娘”。

纺织娘在我国分布很广，以东南部沿海各省如浙江、江苏、山东、福建、广东、广西分布最多。

纺织娘为植食性昆虫，喜食南瓜、丝瓜的花瓣。

此虫白天静静地伏在瓜藤的茎、叶之间，晚摄食、鸣叫。雌虫将卵产在植物的嫩枝上，它一年发生一代，以卵越冬。

纺织娘不喜欢强烈的光线，喜欢栖息在凉爽阴暗的环境中。由于它有这种习性，所以江南一带的饲养者常用麦秆编织的小笼子作为饲养容器，这种笼子有避光遮阴的性能。不过，用这种容器也有一个缺陷，那就是只能听见其鸣叫声，却不能观赏到它的形态。因而有人将其养在铁丝制成的笼中，这样既可听到其鸣叫声，又可观赏到它的形态。但必须用布做个罩子，白天把铁丝笼罩住，避免强光直晒。它善于跳跃，且能跳得很远，有时在瓜藤间纵身一跃，没入草丛，即无踪可寻。

纺织娘的品种及选择

纺织娘科的品种较多，但在我国作为鸣虫玩赏的一般只有两种，即日本纺织娘和中华长翅纺织娘。

日本纺织娘的特点是复翅宽大，鸣声抑扬顿挫，高低交错循环，每次可连续反复鸣叫几十分钟，鸣声高亢而洪亮。因其翅较宽，故被名为“宽翅纺织娘”。又因其在日本也有分布，且被日本人最先著录，所以学名就叫“日本纺织娘”。这种纺织娘又有绿翅和褐翅两种，都喜欢生活在阴凉的灌木丛中和林荫下的草丛、拉拉藤中，喜阴暗，忌强光。它行动较迟缓，但一旦受到惊动，就会立即向前或旁边跳跃。

宽翅纺织娘因其体形比较肥大，一般很少飞翔。人们捕捉以供玩赏以及市场上出售的大多是这种纺织娘。

长翅纺织娘，江、浙一带人们又称其为“纺娟娘”。体形修长，它鸣声较为短促，音量较低，其鸣叫声先是“遮、遮、遮”，接着又转为“沙沙沙”，每次鸣叫5～6分钟即停止。虽然鸣声不够响亮，但体色多变，具有美丽色斑，所以也有较高的玩赏价值。

纺织娘有多种体色，有紫红、淡绿、深绿、枯黄等。

紫红的比较少见，属珍贵品种，俗称“红娘”或“红纱娘”；淡绿色的称“翠纱娘”；深绿色的称“绿纱娘”或“绿娘”；枯黄色的称“黄纱婆”或“黄婆”。

在这四种体色的纺织娘中，以紫红或淡紫绿色者最好，深绿者次之，枯黄者差些，但格调不同，各有情趣。

从体形上说，以体大者为好，因体大发育好，鸣声也好。从身体结构上看，以头小，翅宽、背部发音镜宽者及复翅后半部极扁者为好，因其鸣声洪亮有力，持续时间长。

纺织娘是否衰老是可以辨别的，主要是从它的腹部颜色进行区别。腹部的颜色如果是绿色的、绿白色的或淡红色，是比较年轻的；颜色发黄且失去光泽，则是比较老的。

此外，青壮年时期的纺织娘，翅色比较鲜明，衰老的纺织娘翅色暗淡，且复翅的边沿常有残缺，其爪花也磨损，握爪力已不够强，抓不牢笼子。

挑选纺织娘时，应当选翅色鲜绿或深褐色，其肚子的颜色也应选绿色、白色或者嫩红色的。

在体形方面，要选头较小，胸部较宽阔，后翅扁大，六肢齐全无缺，身体各部分匀称的个体。

捕捉蝈蝈的最佳时间

捕捉蝈蝈的时间一般从阴历的6～9月。每年的阴历5月左右为蝈蝈的孵化期，幼虫从地下出来后经过7次蜕皮才能成为成虫。成虫后1周左右就可以鸣叫，并寻找配偶。夏季捕捉蝈蝈应选择草木茂盛的地带，回家后放于大葫芦、笼中饲养，并可以让它们产卵，然后人工孵化。晚秋因气温日低，蝈蝈多聚集在阳光充足的地方，早晚温度低时多不鸣叫，中午才群声四起，是逮蝈蝈的最佳时间。秋末之蝈蝈，因经历了气温变化的磨炼，适应能力比较强，人工饲养存活时间较长，甚至可以越冬。

捕捉蝈蝈的技巧

蝈蝈性情狡黠而动作敏捷，一旦听到其他动静，就会停止鸣叫，并迅速逃逸或隐藏起来，使人无法确定它的方位。因此需要有耐心。一般是蹲下来等着它再叫时，细细寻找蝈蝈所在的方位，然后慢慢靠近，一旦发现蝈蝈，一般就在眼前了。蝈蝈喜欢阳光，习惯趴在最高的豆枝尖上。

徒手捕捉法 看到蝈蝈，要弓起两只手，将蝈蝈扣在手里。蝈蝈有两颗锯齿一样锋利的牙齿，扣住它时，它就会使劲咬住你的手，感觉有些痛，这时一定要忍住，慢慢将手张开，顺势用左手拇指和食指瞄准蝈蝈的头部，等它要跑时，就会松开嘴，瞬间把它捏住，然后揪两个豆叶将它裹了，再用草绑上装到兜里。

如果没有扣住蝈蝈，还可以迅速扒开豆秧，蝈蝈一般跳到地上，随时准备继续逃跑，看到它后，不等它反应过来，立即用手扣它，也有不少成功的机会。

到小麻地里逮蝈蝈，和豆子地里逮蝈蝈方法不同。小麻一般长两米多高，长势好的三四米的都有。循着声音找到蝈蝈后，够是够不着的。需要看着地上碰一下小麻，蝈蝈就会掉到地上，这时要手疾眼快，迅速扑上去将它扣住。行动迟了，它就会跑掉。碰小麻时，如果抬着头，蝈蝈跳下来再找一般来不及，而且小麻的花粉极易眯眼。

网兜捕捉法　蝈蝈身体强壮，牙齿坚利而且动作敏捷，又善于跳跃，因而徒手去捕捉往往是十有九空。另外，牙齿锋利，若用手去捉，很容易被咬得鲜血淋淋，断腿的蝈蝈捉回来很长时间也不会鸣叫。

用纱布网兜捕捉比徒手捕捉要好得多。但用网兜捕捉切不可从上面往下罩，因为这种虫受惊动就往下掉，只能由下往上兜，才有可能兜住。但网兜捕捉法只能在没有荆棘的草地等处使用，在有荆棘的杂树丛中，网兜会被钩住，等到网兜伸到下面时蝈蝈早已逃得无影无踪了。

垂钓捕捉法　在有荆棘处和杂草的灌木丛中，适合于用垂钓法捕捉。垂钓法是利用此鸣虫喜欢吃小昆虫的特性，像钓鱼似的用小昆虫引诱它上钩。做法是在一根细竹竿上用细绳子栓一只蚂蚱等昆虫，然后垂放在蝈蝈身边来回晃动，引得蝈蝈心动，它就会一把将蚂蚱抓住不放，同时松开原来攀附的树枝，像鱼儿上钩似的被吊悬起来不肯松口，这时就可将其放入预先准备好的小笼子里带走。

要注意的是，捉住的蝈蝈只能一笼一只单独饲养，否则它们会互相厮咬致残、致死。

捕捉纺织娘的技巧

捕捉日本纺织娘并不困难，这是因为其鸣声响亮，可以循声寻找，而且它在鸣叫时复翅抖动，露出里面白色的内翅。有些纺织娘还会一边鸣叫一边缓缓地动，这就很容易被捕捉者发现。还有一个容易被捉的原因是它的行动迟缓而笨拙，受到惊扰时不飞翔，往往只轻轻地跳一下，如果惊动不大，它会继续鸣叫。不过抓捕纺织娘时要注意：它的两条细长的后腿很脆弱，如果鲁莽地用手去扑，很容易把它的长腿碰断。因此，比较可靠的方法是用纱网兜捕，或用大口的玻璃瓶，捕捉时将瓶口对准虫的头部前方，另一只手将其推送进瓶内。

蝈蝈的饲养与管理

如何饲养蝈蝈若虫

蝈蝈一生要经过卵、若虫和成虫三个阶段，无明显幼虫阶段，为不完全变态昆虫。若虫蜕皮5~6次，才能变成成虫。一般1年繁殖一代，7~9月为成虫活跃期，也是雄虫鸣叫的高峰期，天气越热，叫得越欢。由于人工饲养技术的发展，春末夏初开始，已有小贩在走街串巷叫卖。蝈蝈的食性很杂，植物的茎叶、瓜果都能食，如果能荤素搭配，更能使其体壮善鸣。为防止蝈蝈的互相残杀，一般不宜混养，每笼一只。入冬后装入小容器。贴身保暖，还可养过春节。

饲养前的准备 将准备好的养虫笼和扎盘，用高锰酸钾药液浸泡消毒后再用清水冲净药液，保证清洁无菌后备用。养虫房地面、墙壁、门窗和屋顶等要用高锰酸钾消毒，养虫房的加温设施消毒后安装好备用。根据蝈蝈出孵的时间，提前加温使养虫房内温湿度达到出孵若虫的要求。

温度与通风管理 新孵出的蝈蝈若虫对温度要求很严格。温度应控制在28℃左右，不宜过高。三龄以上的若虫对温度变化适应性增强，一般掌握在25℃～28℃。温度高一些，蜕皮间隔较短，发育较快，但体质不甚健壮；温度低一些，蜕皮间隔期长，发育稍慢，抗寒能力强，体质健壮，即所谓："热蜕"和"冷蜕"。应选择"冷蜕"管理。昼夜温度变化要尽量大一些，可掌握在5℃左右。

蝈蝈若虫喜干燥，除了为降温少量喷水之外，一般不必喷水。蝈蝈若虫怕闷热，要配合暖房降温，定时通风，应选在每天中午前后温度最高时开窗通风。在室内温度没有降到最低限度时，通风时间尽量延长。暖房内空气要达到清新，防止烟、酒、香料、化妆品等异味侵入，以防止对若虫造成影响。

饲料和喂食 喂养蝈蝈的饲料主要有三大类，即黄豆（青豆）、羊肝、胡萝卜。黄豆含植物蛋白质很高，每百克中含36克以上，羊肝的维生素A含量很高。胡萝卜营养齐全，所含粗纤维有极好的利便作用，对若虫是不可缺少的。以黄豆2份，胡萝卜2份，羊肝1份，干酵母1小袋的比例配合，用绞肉机绞成泥状。喂食时以新鲜的菜叶切成块状，将绞好的饲料涂在上面，置于罐中，每罐可多放几块，上下都有，使若虫均可食到。因为若虫食量小，饲料不要涂得太厚，以免造成浪费。每天的食料要保持新鲜，现做现喂，不要喂隔日食，喂食要定时，每天一次即可，两次更好。

换笼和大鞘期管理 随着若虫蜕皮次数的增加，体态愈来愈大，要及时由小笼转到大笼，防止若虫因在小笼里活动不开而影响蜕皮、运动和生长发育。笼子里面要放用高粱秆破成的篠子，供若虫栖息跳跃。

蝈蝈的最后一次蜕皮俗称为“大鞘”，大鞘期的饲养罐高应为蝈蝈体长的 2～3 倍，使蜕出的新体有较大的周旋余地。平时放入罐中的树枝、高粱秆之类要全部拿出，罐内重新放入用高粱秆内瓤做成的丁字架或三脚架，架的顶部要稍低于罐口，以供蜕皮之用。蜕皮时蝈蝈爬到支架高处，倒挂于高粱秆内瓤下，爪花可抓入瓤内，非常牢靠。用纱笼饲养的蝈蝈则不必搭架，蝈蝈抓住笼壁就很结实，一般不会掉下来。蜕皮时头朝下倒挂，靠重力将体蜕出鞘外。蜕皮时忌惊吓，不可有大的响声和震动，以免蝈蝈掉下来。个别情况如掉下来，后肢摔弯，可在 5 分钟内将弯曲腿节慢慢理直，稍待片刻，肢体硬化，便无“残废”之忧。蝈蝈蜕皮完成后，肢体很软，不可惊动，让其自然活动，几个小时后肢体即完全硬化。

饲养蝈蝈的容器

最适合养蝈蝈的容器就是葫芦了。对葫芦的形状没有什么特殊的要求，任何葫芦都可以。葫芦必须干净卫生，通风性要好，最关键的是要有适宜的温度。一般当温度达到了 27℃～28℃的时候，蝈蝈们便可以振翅高歌了，切忌不要因为想让蝈蝈叫，采取拔苗助长的方式，直接把它放在暖气上，这样很容易缩短蝈蝈的寿命。要是在夜间，怕打扰了邻居的休息，那就将蝈蝈的家放置在温度是16℃的房间里，它就停止了鸣叫，但温度不能太低了。当低于0℃的时候，蝈蝈就会“香销玉殒”了。至于葫芦里面的布置，可根据个人喜好而定，如果想让蝈蝈的叫声更加好听，在里面放置一个铜丝制成的弹簧就可以。

蝈蝈的棚内养殖

蝈蝈棚内养殖可分为：1. 加温温室；2. 塑料日光温室；3. 塑料大棚；4. 简易拱棚等。初养蝈蝈一般用简易拱棚和塑料大棚即可。

选址 要选在背风向阳干燥之处，周围无高大建筑物、遮阴物，采光良好，一般符合入射角 55°～65°。

备料 用细竹竿、毛竹片、钢筋等材料弯成拱形做骨架，覆盖养殖专用网后，再覆盖塑料薄膜和草毡。

整地 选好地后，可根据地形来定棚的走向、宽度长度，然后放入沙子，以棚内7厘米的深度见沙为好，放入沙的目的是为雌蝈蝈产卵容易，更重要的是第2年小蝈蝈出土孵化率高、出得快。

种植率 植物的种类有黄豆、白菜、玉米等（为了增加立体空间，便于活动增加养殖数量），整好地后再扣棚，再种植。那样对搭棚操作十分方便。

扣棚 1. 高度对以后操作方便，一般为1.8～2.2米。2. 适当增加空间，在搞好保温的同时能提高采光效果，增加蓄热量。3. 要考虑到自然灾害发生，如大风、暴雨、冰雹、大雪对棚的损害。

社会联系 应保持与村庄、街道、闹市一定的间距。1. 总体布局应体现建场的方针任务，做到节约用地。2. 规模养殖场应划分生活管理区、生产区、隔离区。3. 各类蝈蝈按养殖品种大小等排列顺序。4. 场内道路要通畅，布局紧凑，要适当考虑到将来的扩建问题。

蝈蝈的反季节养殖

场地建造 蝈蝈养殖一般分棚养和室内养殖两种：①**棚养** 棚养包括大棚、拱棚和土暖棚等，初养蝈蝈可选用拱棚，建造和管理比较容易和方便。蝈蝈喜欢生长在背风向阳干燥之处，建棚时应避开地势低洼潮湿和风口处，选好地形地块后，先种上黄豆或小麦，以备蝈蝈自由采食，等黄豆或小麦齐苗后再扣棚，根据走向选3～4米的竹片，把竹片插入土内20厘米左右，竹片的上部和下面的两端都要用木棍或竹竿扎牢，风大的地方最好加立柱，拱棚成型后，罩上纱窗布，以防蝈蝈逃跑和天敌的侵害，纱窗的目数以小蝈蝈钻不出为好。②**室内养殖** 室内养殖占地面积小，管理方便，不受气候条件所影响，可用水泥和砖建成高80厘米左右，宽以木板或水泥板的长度为准，间隔或通长均可，一般为三层最好，低了浪费空间，高了不容易管理。每层板上面放一层10厘米厚的沙土（沙土的比例为1:1），以备蝈蝈日后产卵之用，然后用铁网或纱窗布固定到板的上面，形成一个多层立体式的蝈蝈养殖地。

引种、交配和产卵 引种可从养殖场或市场购买成品蝈蝈或受精卵，也可野外捕捉，但要选好所养的品种，引种后养殖时公母搭配应为1:1为宜，搭配不当为争偶会发生厮咬造成伤害。雄蝈蝈的鸣叫是为了吸引雌蝈蝈，当雌蝈蝈听到雄蝈蝈的叫声后，会慢慢顺着雄蝈蝈的声音爬到雄蝈蝈的背上，然后进行交尾过程，在这段时间内，雄蝈蝈要把体内两侧精巢内的精泡排出体外，精泡为白色共两粒，大小和黄豆粒一般。交配过程中，雌蝈蝈会把雄蝈蝈的两粒精泡分别吸入体内两侧的卵泡内进行受精，食物充分的情况下，一只雌蝈蝈一年最多可产 300 粒左右的卵。雌蝈蝈产卵时用尾部的产卵针一点点钻入土内，并且从不同角度来钻，力求把洞钻大，然后将卵产入洞后即用周围的土埋好。一般当年 8 月份以前产的卵，在自然环境下第 2 年夏季可出土成虫，8 月份后产的卵一般在第 3 年夏天才能出土成虫。人工养殖时要及时挖土将卵捡出，妥善保存，最好在冰箱冷藏室内存放。

人工孵化和管理 孵化时找一个平底容器，大小可根据卵的多少而定，底部放上 5 厘米厚的细沙，然后撒上一层种卵，种卵最好不要重叠，在种卵的上面再盖上 3 厘米厚的细沙，沙的厚度不可超过 5 厘米，否则小蝈蝈不易出土。然后喷水，一次性喷透，以底不见水为好，喷水后便可高温孵化，温度在 25℃～35℃以内，每天应定时喷水，以防干燥。这样的高温大约需要 40 天，这期间一直保持不低于 25℃的温度，这叫高温暖子。在这样的高温环境下，1 年也孵不出蝈蝈来，还必须低温萌动，将经过高温后的卵收集后直接放入冰箱的冷藏室内，这样保持 1 个月的时间便会有大批卵萌动，最初看到的是眼睛，眼睛最先出现在卵的下方，随着时间的延长，会慢慢地向上方的头部移动，卵粒也随之变粗，这时候可进行第 2 次孵化，将萌动后的卵放在 25℃～30℃的温室内，约 30 天的时间便可孵出蝈蝈了。刚孵出的蝈蝈应喂一些鲜嫩适口的菜叶或小昆虫，也可买一些动物肝脏和蛋黄掺菜叶混合做成泥状喂小蝈蝈，需30~40天的生长期，便可上市或做绿色昆虫食品出售。

人工孵化蝈蝈的几个步骤

第一步：准备产床 自然中的蝈蝈是将卵产到土壤里，并在土壤里过冬，来年孵化，以延续后代。人工孵化蝈蝈也需要准备蝈蝈产卵所需要的土壤环境。为提高蝈蝈的成活率，需要对土壤和盛器进行消毒处理。将筛过的细沙和土按一定比例混合经过高温消毒放入敞口容器中，厚6~7厘米（一般蝈蝈将卵产在2~3厘米的深度），用手抹平压实，但不宜过硬，否则幼虫无法钻出。然后喷水，使土壤保持一定的湿度。这就是蝈蝈的人工“产床”。

第二步：产卵 可以选择自然中已经受孕的蝈蝈直接产卵，也可以选择品种优良的雌雄蝈蝈数只（不宜过多）放入产床的容器中，交配后两周就可以产卵。此时，可以直接将产床置于温室中，进行孵化。但由于蝈蝈卵在土中深浅不一，一些幼虫因无法钻出土壤而死掉，幼虫成活率比较低。为了提高幼虫成活率，便于保存蝈蝈卵，人为控制蝈蝈的孵化季节，可以再进行第三步操作。

第三步：筛卵与布卵 用筛子将产床中的蝈蝈卵筛出，可以集中保存（可以放在冰箱里），或进行重新布置

(布卵),再进行孵化,以提高幼虫的成活率。布卵前期工作与第一步差不多。将沙和土混合铺在敞口容器底部,厚度6~7厘米,将蝈蝈卵均匀排开,再在上面覆盖2~3厘米厚的沙和土。适当喷水,使土壤保持较好的透气性。

第四步:加温 蝈蝈的最佳孵化温度在25℃~33℃。夏季气温比较高,直接在阳光下可以孵化,并随时给孵化器表面喷水。如果在温室中,最好人为控制好温度的波动范围。温度控制是蝈蝈孵化成败的关键所在,是最难掌握的一个环节。1个月后,卵上出现蝈蝈的眼睛;两个半月,幼虫基本雏形已具;3个月后,幼虫破土而出。刚出壳的蝈蝈颜色很浅,然后逐渐变深。经历7次蜕壳,就可变成成虫。在蝈蝈第3次蜕壳时,就可以辨认出雌雄,雌者可以被淘汰,雄者可以分罐饲养。蝈蝈自破壳到成虫,如同婴儿的成长过程,食物营养非常重要,特别要喂一些含钙或维生素D比较丰富的食物,如豆类、胡萝卜、羊肝等。

蝈蝈养殖新技术

蝈蝈的采食习性 蝈蝈在大自然的环境中,食物以捕捉小昆虫为主,有时也吃一些花草嫩叶。有些人认为它是吃草叶的昆虫,实际上它是不吃草的。在人工养殖的条件下,它失去了选择食物的自由,人给什么它就吃什么。蝈蝈最爱吃鲜活的昆虫，即使是它的同类也相互残杀，强者吃弱者，弱者却毫不反抗，甘愿被食。蝈蝈还爱吃新鲜的红枣、红薯、胡萝卜等，总之，蝈蝈属于杂食昆虫，但食物必须新鲜，否则它不会吃食。

蝈蝈还有一种特殊的采食习性，那就是食物多样化。蝈蝈在吃饱一种食物后，若给它换另一种新鲜食物，它还能吃一些，连续换几次，它吃几次，没有饱肚，即使肚子老大也不会被撑死。另外，几天不给它食物吃也不会被饿死，特别能耐饥饿。此外，蝈蝈不需饮水，其所吃食物的含水量就可以满足它的生活所需。

此外，饮食上注意不能太油腻。因为吃太多的油腻东西容易上火。可以喂一些新鲜的蔬菜水果，如胡萝卜、白菜等，或者是花生米之类的干果。另外，还可以经常用储存的蚂蚱之类的昆虫喂蝈蝈，用来增强其体质。

蝈蝈的生长繁育 蝈蝈在大自然的环境中生长难度很大。它雌的产卵，每个卵的大小如同两个小米粒，一次可产 200 ~300 粒。它把卵产在土层以下 3 ~4 厘米处，自然条件下，要隔一年的时间才能孵化出来；如果人工孵化，湿度要控制在 70%，温度在 28℃为宜，需三个月的时间就可孵化出幼蝈蝈；若在孵化中温湿度不适宜，孵化的时间要长些。蝈蝈的成活率大约在 60%。

蝈蝈从卵壳里出来后，每 7 天蜕一次皮，每次蜕的皮都是自己吃掉，如果因某种原因没吃掉自己的蜕皮，将来它的叫声会不好听或很少叫。蝈蝈先后共蜕 7 次皮，到最后一次（即第 7 次）蜕皮才会叫，第 7 次蜕皮后 3～5 天开始叫一两声，以后逐渐增多，一个月左右是叫的高峰期。蝈蝈最喜欢新鲜空气，空气越流通它叫得越欢。

在人工养殖蝈蝈的环境中，它的整个生长发育过程分为四个时期：第一是孵化期，需 3 个月时间；第二是生长期，需 50 多天；第三是叫欢期，为 3 个月时间；第四是衰老期，叫声越来越少，全身呈黑色，直至死亡，需 2 个月时间。蝈蝈从卵壳孵化出来至死亡，大约 200 天，这是它最长的生命期。一般的蝈蝈生命期也就在 100～150 天之间。

冬天如何养蝈蝈

在冬天喂养蝈蝈，最重要的是掌握好喂养蝈蝈的环境温度。一般情况下，在高于 27℃～28℃时，蝈蝈就会开始大声鸣叫，但是切忌把养蝈蝈用的葫芦放在暖气上烘烤，并且长时间地鸣叫也会缩短蝈蝈的寿命。当环境温度低于 20℃，在 16℃左右时，蝈蝈就会停止鸣叫。当然，温度也不能太低，0℃以下时就容易造成蝈蝈的死亡。这些过冬蝈蝈一般都可以活到第 2 年的“五一”前后，不过，也有许多饲养高手能让它们一直活到第 2 年的 8 月份左右，这就在于精心地为它们搭配饮食，并且控制好它们生活的环境温度。

过冬蝈蝈宜用小油葫芦喂养，因其无异味。把小油葫芦的上部用小钢锯条开出正方形或五角形口与盖，把小油葫芦里面的籽瓤挖净，再在小油葫芦的四周钻些小孔以透气，便可作喂蝈蝈之用了。也可制作竹制小笼，但保温性能不如油葫芦好。

喂食过冬蝈蝈，最好用新鲜嫩菜叶，再和用温水浸软的黄豆、鲜辣椒等交替食用，不可用单一蔬菜喂食。每天上午 8 ~9 点钟，用温热水洗过的毛巾，摊在温暖的阳光下，让蝈蝈在温湿毛巾上慢慢爬行一会儿，润湿足部，再向蝈蝈喷细水雾，这时蝈蝈会用前后爪按摩全身及触须，又像洗浴的动作，也像是在运动全身，舒服极了，同时也能健身延寿。

蝈蝈是喜热而怕寒的昆虫，夏天天气愈晴热，蝈蝈愈欢唱不歇，一遇阴雨凉爽天气，蝈蝈怕凉便不肯鸣唱了。冬天更是如此，如果气温降到 -5℃，就会有冻僵、冻死的危险。冬天最简易的保暖方法，就是把蝈蝈笼放在人身上内衣的口袋内，用人体增温取暖为最好。有暖气的房间，室温在 20℃以上时，可把蝈蝈笼放在有阳光的地方，蝈蝈便会鸣唱不已。

冬季养殖蝈蝈三注意

要特别注意蝈蝈卵的质量 没有经过处理的蝈蝈卵是孵化不出小蝈蝈的，它叫蝈蝈原始卵，卵的样子就是蝈蝈刚产出的样子，没有发生变化，再加温也孵化不出蝈蝈，并不像某些网站上说的高温暖子 40 天就能出小蝈蝈，而是一辈子也出不来。实际蝈蝈萌动卵只需要加温 7 ~ 15 天就出小蝈蝈，但萌动卵是要经过特殊处理的，要有技术才可以操作。

要有好的孵化设备 蝈蝈的孵化过程是要有高温或冷热交替的，靠简单的灯管箱子增温是不科学的，孵化率特别低不说，出了蝈蝈后还需要温度，一个箱子养殖不了几个蝈蝈，再说蝈蝈有相互的残杀性，不咬死才怪呢！其实不用花钱购买孵化箱，要做实验可买个鱼缸，里面弄个灯泡加温就能孵化出小蝈蝈，但只能做实验，不能大规模养殖。

要有适宜的温室 因为蝈蝈出来后仍要有保温环境，面积小了保证不了蝈蝈的生存空间，所以不具备条件的不要盲目养殖，一定要找正规单位参加培训后，制订养殖计划，才可开始从事蝈蝈养殖，最好到养殖单位实地参加培训，然后有把握了再开始养殖蝈蝈。

蝈蝈膀（前翅）如何点药

蝈蝈膀的叫声可以通过人工点药来改善，这是喂养鸣虫中一项古老传统的技术，也是欣赏鸣虫中的一种艺术。红色的点药是朱砂，绿色的是铜渣，其点药技术与点油葫芦、点蛐蛐的基本上相同。蝈蝈膀上点药的轻重、大小与位置都很有讲究，可以根据蝈蝈的类型、大小、形状、厚薄来具体决定，酌情下药。一般情况下可分为 3 种：

1. 把药点在膀根，左上膀红点弧形沟摩擦脉的后方，膀侧膀沟的里边；右下膀点在与它相对称的位置上，即右膀鼓腹（镜片）与膀根中间的翅脉膀筋上，靠近镜片边缘的上方的背面，右膀下边为暗药。

2. 药点在左右膀背区与侧区之间的左右两边纵向平行的两个膀沟中间，左右膀均为明药。

3. 药点在左上膀背区后方 2/3 的地方，在左上膀两个弧形膀沟中间最凸起的翅脉上为明药；左下膀药点在与它相对称的位置，即右膀鼓腹（镜片）边缘下侧向的翅脉筋上的背面，右膀的下方为暗药。点膀下暗药时要用特制的支子把蝈蝈的双膀都支起来，从膀下伸进点药。

分蝈蝈

人工繁殖鸣虫，在京津地带叫做“分虫儿”，干这一行的人叫“分虫儿的”。用人工“分虫儿”，距今400多年的明代人刘侗在《帝京景物略》书中已有记载。

当自然界的昆虫进入休眠季节时，照样可以听到夏秋鸣虫的叫声，这里蕴涵着的“分虫儿人”的千辛万苦，单从人工“分蝈蝈”便可看出。

蝈蝈的生长发育过程属渐变类型。“分蝈蝈”可用隔年卵或当年卵孵化。为使蝈蝈当年上市，便要用当年蝈蝈产的卵，这就得在6月份就去天津北部山区捕捉“开叫”较早的蝈蝈和“三尾巴枪子”，也叫“驹子”（指雌性蝈蝈）。逮回来后，挑选出其中个大体壮的雌雄蝈蝈放入瓦盆中，并在盆底儿垫上一层干湿适中的沙土（盆和土要消毒），等它们“濉子”（产卵）。交配后的雌蝈蝈，经过一周时间，开始用如枪似矛的“尾巴”（产卵瓣）插入盆中“濉子”。之后，把产过卵的盆土倒出来过筛，将卵筛出，放室外晾着，再在“浅儿”（花窖播种用的浅瓦盆）里铺上约三指厚喷了水的沙土，使土保持有潮气就行，用布蒙上盆口。这时正是7月底8月初，把卵盆放在室外，利用室外自然温度便可将卵孵化（但要注意温度不可过高，最好上限不要超过50℃，下限不低于20℃）。

进入9月就要注意卵的变化了。见卵上的两个小黑点从一端开始移向另一端时，幼虫就要破卵而出了。刚育出的幼虫，要经过七龄期，每蜕一次皮为一龄期，一个龄期一般是7天。至三或四龄期时，就能看出雌雄来，这时要把雌虫淘汰，把雄虫单个放在瓦罐内，每日喂羊肝、豆泥（青豆黄豆均可）。六龄以后，要在瓦罐内放上剥完皮的秫秸，并用剥下的皮插个“T”形架，为最后一次的蜕皮做好准备（俗称“脱大鞘”，也叫“落壳”）。

最后一次蜕皮一般都在凌晨12点、2点、4点。“落壳”时就见其六足抱住秫秸，头倒悬，壳从脊梁背儿上裂开缝，蜷着身子让背从裂缝中拱出来，把头也带出来，中间还要休息一会儿，最后蜕出尾部。蜕了壳的蝈蝈很快就会把还没干的空壳吃掉来补充体力。吃了壳的蝈蝈很快就硬朗起来。

饲养蝈蝈注意事项

1. 新脱膀形未定，不可上怀。
2. 新脱拉膀初始，最好冷墩。
3. 蝈蝈之间不可搭须试叫。
4. 拉膀时的叫，称为“水膀”，叫声定后再上怀。
5. 假若想让蝈蝈活得长，晚上温度则不必过高。
6. 喂时最好放出来遛一遛，否则趾爪容易僵死。

蝈蝈常见疾病防治

感冒 对于蝈蝈来讲，温度在25℃～36℃度之间时，它最为活跃，通常会大声放歌。只要温度低于25℃，就容易感冒。表现为食欲不振，不吃东西，最终死亡。可以尝试喂食阿司匹林，但也许效果不好，那就应该防患于未然，给它营造一个温暖舒适的环境，还要让它多晒太阳，增强抵抗力，也有助于其鸣叫和增长寿命。

脱肛 蝈蝈在人工养殖的过程中，大多数会出现“脱肛”现象，也就是蝈蝈从肛门排出一些白色糨糊状物体与它的肛门连在一起，有时与其他食物粘在一起而不能自由行动，几天便可死亡。若自已能自由行动，几天后，白色糨糊状物体就会自行脱落，蝈蝈将会正常生活，不会影响其叫声。这种现象多数人认为是蝈蝈着了凉，患了“脱肛”，实际上这是一种误解。蝈蝈所排出的白色糨糊状物体其实是自己的精液，在人工饲养中得不到交配，以致精液排出后粘在肛门上形成这种现象，在人们不了解的情况下，误认为是蝈蝈“脱肛”，这种现象实际上是蝈蝈的一种正常生理现象。如果采用雌雄蝈蝈共处，则可有效地解决这一问题，或者在蝈蝈排出精液后，用纸筒或柔软的东西将其从肛门上轻轻弹掉即可。

如何饲养纺织娘

饲养纺织娘，首先应准备好一个容器，可以用竹篾、麦秆、塑料纱、尼龙纱制成。这几种笼子中，以纱笼为最好，用竹篾制成的鸟笼式的笼子最差，因为底部用格子篾制成的笼，虫脚容易踏空，不容易站立，晚秋时比较衰老的虫极易折断长腿。由于纺织娘的体形较大，笼子应尽可能宽大一些，使它便于在笼内活动。也有人将它养在方形装饼干的铁皮盒或圆筒竖立形的罐头瓶内，这是为了不使鸣叫声太响亮、太吵人。用这种笼子有它的优点是鸣虫在铁皮饼干盒内鸣叫有金属回音。鸣虫在圆筒形罐子内鸣叫，则可发出一种“嗡”声，听起来也别有韵味。

饲喂纺织娘的食物以南瓜花和丝瓜花为最好，其他如西瓜、南瓜、菜叶、水果及饭粒也可喂饲。喂饲的饲料品种宜经常变换，使其所获得的营养更全面些。

值得注意的几点是：

1. 笼子应经常挂在凉爽通风的地方，特别要注意避免阳光直晒，否则很容易干燥脱水死亡。

2. 笼子不能靠近有化学药品或有煤烟的地方。

3. 笼子要悬空，要防止有猫、鼠或其他小动物去捕食。

4. 深秋气温下降幅度较大时，要及早采取保暖措施，以便延长玩赏时间，一般可养至春节。

鸣虫的诱叫方法

鸣虫除自叫外，还可通过声音、雌虫及调节温、光等方法诱发鸣叫。

声音诱叫 用录音机录下其鸣声，播放诱叫。或将几只鸣虫放在邻近，其中一只鸣叫可诱发其他几只鸣叫。

雌虫诱叫 在虫具内放入雌体，诱发雄虫鸣叫。

调节光线、温度 各种鸣虫对光线、温度的要求不同，如马铃、纺织娘惯于在夜间鸣叫，蝉惯于在白天叫，金铃子日夜均鸣。因此可通过调节光线明暗或温度高低促使鸣虫鸣叫。

此外，蟋蟀还可以用蟋蟀草拨弄其触角等处诱叫。

鸣虫的虫具与喂养方法

喂养鸣虫离不开恰当的虫具和合适的食料。

虫具 市场上出售的虫具形形色色，五花八门，常用的畜养鸣虫的虫具大致可分为五类。

盆或罐 圆形容器，以泥土或陶土烧制而成。盆罐以陈旧的为佳。新买来的盆罐需用河水、井水或沉淀过的干净雨水浸泡，讲究的用茶水，使其退去炉窑的火烧味。泥陶盆罐主要用于喂养斗蟋、油葫芦等鸣虫。

盒 正方、长方或圆形容器。通常面上装有透明的玻璃，底部装有喂食小盆，四周有通气孔。有些在透明的玻璃外还有一不透明的盖，称暗盒。所用材料有纸、竹、木、有机玻璃、金属等多种。大小也各不相同，可根据虫体大小来选择适宜的虫盒。太小使鸣虫无足够的回旋余地，影响其振翅鸣叫；太大会使鸣虫伺机跳跃，易断角断腿。纸盒经济、简洁、保温通气性好，藏于人身不易凝结水汽，但容易破损、弄脏，不便清洁。普通竹木制的虫盒比较实用。盒形虫具适用于大多数中小型鸣虫，不适宜喂养大型鸣虫，如蝈蝈、纺织娘之类。另外，对于喜夜间鸣叫的鸣虫，可选择暗盒，或将透光的玻璃面朝下放，以诱发其鸣叫。

管 圆筒形容器，通常由芦苇、竹、木制成。由于管形虫具口径一般都较小，仅适于喂养小型鸣虫，如小黄蛉、墨蛉、金蛉子等。管形虫具体积小，便于携带。但因其容积小，鸣虫在里面的活动面积小，不宜长时间放养。

笼 正方、长方、馒头形或鸟笼形容器。常见的由玉米秸、竹、木、芦苇或金属丝编结而成。这类笼器通气性好，适于夏秋季喂养蝈蝈、纺织娘、露螽、草螽等大型鸣虫，但保温性差，不宜于冬季在无恒温设备的室内喂养。对于口器尖利的鸣虫，如小纺织娘，最好置其于铁丝笼内，避免咬坏笼器。另外，应根据虫体的大小选择笼围的稀密，以防鸣虫逃逸。

葫芦 葫芦虫具是由天然的葫芦加工而成，主要用于蓄养蝈蝈、蟋蟀、油葫芦等。葫芦罐透气、保温、保湿，又轻巧坚固，便于携带，是理想的虫具。另外，还有用其他天然材料做成葫芦形状的虫具，如红木、牛角、陶土等。

食料 自然界的野生鸣虫有植食的，肉食的、腐食的，也有杂食的。常见的适于家养的鸣虫是经过民间历代筛选出来的，它们的抗逆性强，对食料的要求不严格，易于人工喂养。下面介绍的是仅适于单个或少量家养鸣虫的食料，不同于大规模繁殖和群体饲养对食料和其他方面的要求。

米饭 用水浸泡过的米饭，南方人叫泡饭，比干饭软和，又不像稀饭那样黏稠，不仅含有足够的水分和营养，而且取材容易，便于更换和清洁。可用做大多数鸣虫的主要食料。

豆类 常用的是毛豆或菜豆。这种豆子水分含量适中，夏天较其他豆类耐腐烂。对于大型的鸣虫，如蝈蝈、纺织娘等，可用整粒豆或整个豆荚（去掉一个荚壳）；对于小型的鸣虫，如黄蛉、墨蛉等须捣烂后喂用。

菜类 宜用大白菜和卷心菜的内层菜叶，一是比较鲜嫩，二是比较干净，被农药污染的机会小。水分太大的叶菜类容易腐烂，不宜使用。如非用叶菜类不可，则一定要保证不被农药污染，洗净后晾干。

瓜果类 苹果、生梨和菱肉最为常用，适于所有家养鸣虫。其中菱肉水分含量适中，含糖量低，较苹果和梨耐腐，更适于喂养食量小的蛉虫类。

花类 需用尚未开放的花蕾，常用丝瓜和南瓜花蕾，一般用来喂养纺织娘，这是它们的天然食品。其他鸣虫不爱吃。

肉类 新鲜的或冰冻的猪肉末，活的小青虫（小菜蛾幼虫）、面包虫等，是杂食性鸣虫如蝈蝈、蟋蟀和肉食性鸣虫如促织（小纺织娘）的理想食料。喂肉类食物要控制数量，不宜太多，以防消化不良。一只蝈蝈，1 天只需喂 1 ~ 2 条小虫或相应的肉末即可。

管理 与食料相比，恰当的管理对于鸣虫来说更为重要。不少鸣虫寿命不长，往往不是饿死，而是渴死，被挤压或粘连致伤残或逃逸而死。

喂食 大多数虫具都装有食斗。在开启食斗前，要仔细查看虫具内鸣虫所在的位置，如恰在食斗或擦板上，可轻拍虫具，使其置于安全的位置后再喂食。食料量不要太大，一般以装满食斗为宜，米饭 2 ~ 3 粒即可；瓜果切块，大小以装进食斗不脱落为度。如是虫笼，则可将豆荚、瓜果等切成较大的块，悬挂或插在笼围上，米饭则应放于小食盆上。对于盆罐或葫芦虫具，喂食时要将盖子轻轻打开，切不可突然开启，使鸣虫因骤见亮光，受惊后乱蹦乱跳，甚至逃逸。食料不宜太多，太多容易弄脏虫具。食料应每天换新鲜的，夏天需一天更换两次，以保持食物有足够的水分。对于食量较大的蟋蟀、油葫芦等，需用小水盂盛净水供其饮用。

清洁 虫具应保持干净。可结合每次喂食时清洗食斗。清洗虫具时，应先将鸣虫安置于另一容器，然后将虫具的各插板、玻璃打开，洗净擦干后再将鸣虫放回原处。如有两个虫具替换使用更为方便。笼养时，可在笼底垫上卫生纸，清洁时，可将有粪便和残余食物的卫生纸卷起取出，换上干净纸。

防暑 15℃～30℃是鸣虫活动的适宜温度范围。夏天的虫具要避免阳光直晒，防止虫具内温度骤然上升，尤其是容积很小的虫具。即便是虫笼，在盛夏也应将它们挂于阴凉通风处。

保暖 保暖是冬天养鸣虫成败的关键。室温低于15℃就应采取保暖措施。如果没有取暖设备，冬天不宜用盆罐虫具。对于其他小型虫具，白天可置于衣袋中取暖，夜间可置于枕边保温，也可将虫具置于装有灯泡或热水袋的容器中保暖。

繁殖 成功的人工繁殖可保证在不同季节均可获得优良雄虫。

控温繁殖法 瓦盆事先用日晒消毒，再在盆内铺放约 13 厘米厚的黄沙泥土。黄沙泥可用炒过的黄沙 1 份和经日光暴晒过的细泥 10 份混合而成。在雌虫与雄虫交配后，将雌虫放入瓦盆中，约经 3 周雌虫即可在土中产卵，一次约产 20～30 粒卵。以第一批卵孵育为宜，其孵出的雄虫比例较高。产卵后，容器盖上纱布，温度保持 25℃～28℃，每天喷水保持湿度。约经 30 多天，卵即孵化。若虫期可用猪、羊肝粉或黄豆粉拌湿喂食。孵化 8 天后即可第 1 次蜕皮，此后温度以31℃～32℃为宜，并可饲以糖粥，以后可渐改喂饭粒等。

自然繁殖法　在中秋后，将数只雌、雄蟋蟀饲养于较大的缸中，缸内放有泥沙、砖块、青草，并喂以饭粒等，常喷水以保持湿度，缸口盖铁丝网。交配后的雌虫在泥沙中产卵。冬天可移至室内。次年春天四五月份，卵即可孵化。若虫喂以饭粒等直至成虫。

鸣虫行话俗名一览

鞍　直翅目昆虫前胸背板。

水子　未受精的卵。

秧子　泛指若虫。

光背、裸背　大龄、终龄若虫。

驹子　螽斯类雌性成虫。

三尾　蟋蟀类雌性成虫（北方与南方的有些叫法不

一样，如北方将“尾”称“眼”，如北方人说“全须全尾”一般都说“全须全眼”）。

过水 新虫入户的第一次水浴。

过蛋 交配。

过罩 指用扣网提虫出罐。

藤虫 指生活于拉拉刺藤中的日本纺织娘。

棚虫 指生活于种植瓜区的日本纺织娘。

桑虫 指浙江出产的日本纺织娘。

川虫 泛指优质上品日本纺织娘。

苞儿 指未开的南瓜花，是最好的纺织娘饲料。

大鞘 指直翅目鸣虫最后一次蜕皮。也叫羽化。

涮罐 指用温度很高的开水冲洗虫罐。

出针 指用细针把切小的食物送到扣网里鸣虫的口器旁供其食用。

疏口 指很快吃食的新虫。

紧口 指开始不主动吃食的新虫。

垫纸 指瓦罐接纳新虫时底下铺草纸，防止粪便浆水弄脏罐底。

全品相 指完整无缺的鸣虫。

飞翅 指后翅发达的蟋蟀类个体。

伏盆 指蟋蟀开始适应瓦罐中的生活。

清盆 指清理瓦罐中的粪便和食物残渣，做卫生。

消火 指新瓦罐吊在莲花池或古井里去其火气，时间一般半年到一年。

落崖 指螽斯类昆虫在最后羽化时攀爬不牢而跌落，残疾。

弃旧 指蜕皮后因为某种原因没有吃自己蜕下的旧皮，造成体质弱。

寒膀 指虫子在蜕大壳的过程中受凉，使鸣叫声音不响亮而嘶哑。

揣叫 指冬天把虫子放入怀中，使虫子利用人体的温度鸣叫。

敦叫 指虫子放入虫具内，防止在室内或室外鸣叫。

本叫 指虫子翅膀未经处理自然的叫声。

药叫 指虫子翅膀点药后由于翅膀重量发生变化而改变鸣叫声音。

膀子 指鸣虫的翅膀。

蜥　蜴　篇

蜥蜴的品种与选择

蜥蜴简介

蜥蜴属于爬行纲动物，其种类繁多，在地球上分布大约有 3000 种，我国已知的有 150 余种。大多分布在热带和亚热带，其生活环境多样，主要是陆栖，也有树栖、半水栖和土中穴居。多数以昆虫为食，也有少数种类兼食植物。蜥蜴是卵生，少数卵胎生。

蜥蜴俗称“四足蛇”，有人叫它“蛇舅母”，是一种常见的爬行动物。蜥蜴与蛇有密切的亲缘关系，二者有许多相似的地方，周身覆盖以表皮衍生的角质鳞片，泄殖肛孔都是一横裂，雄性都有一对交接器，都是卵生（或有部分卵胎生种类），方骨可以活动，等等。

蜥蜴的身体外形及大小在爬虫类中差异最大。体长从 3 厘米（壁虎）至 3 米（巨蜥）。体重最轻者不足 1 克，最重者多于 150 公斤。身体多细长，具长尾，多具四肢，除鼻孔、口、眼及泄殖腔开口外，体表覆以鳞片，有些种类头和体鳞下真皮内有骨鳞。鳞的表面覆以一层角蛋白。某些蜥蜴具鳞器官，鳞片的锯齿状边缘突出刚毛，可能用于触觉。许多蜥蜴，尤其是避役（变色龙）和安乐蜥，能改变体色，可从亮绿色变为深巧克力褐色，体上线、带斑纹亦可忽隐忽现。变色机制为黑色素细胞中色素颗粒的移动，颗粒集中时色浅，分散时色深。有些蜥蜴颈部具可伸展的皮褶，头上有角或盔，或喉部有棘或皱褶等。头颅的前部由薄的软骨和膜构成。眼睑多可动，两眼之间隔以薄层垂直的眶间隔，眶后骨与鳞骨形成的骨杆上有一个颞孔。上颚能相对于颅的其他部分而运动，有方骨，口可大张便于吞食猎物。

蜥蜴在 2 ~ 3 岁以前生长都很快。生长速率会因为个体差异和食物的好坏有不同。假如在幼年时期营养不良，会使得成年后个体小。当它长到 3 岁以后，就会放慢生长的速度，蜥蜴甚至可以长到 6 英尺长（尾巴是身体的 2 ~ 3 倍），不过在人工喂养下，它们通常比在野外生长的个体要小。

多数蜥蜴以昆虫及部分啮齿类为食，偶食家禽，其牙尖锐，具 3 个牙尖。草食性者（如鬣蜥）的牙冠宽，呈叶状，具锯齿状切缘。以软体动物、甲壳动物为食者（如凯门蜥属）于颚后部有钝圆的牙用以碾碎。多数蜥蜴的牙生于上颚骨、前腭骨及牙骨的边缘，少数种生于颚上。胚胎期前颚骨上有“卵牙”，从吻部向前突出，用于钻破卵壳，孵出后即退化。牙著生的方式多为侧生式，部分种为顶生式，避役的两眼可独立运动。许多蜥蜴有盐腺用以排出矿物质盐。肩带存在。

多数蜥蜴具四足，后肢肌肉有力，能迅速奔跑及迅速改变跑动方向。有几科蜥蜴身体延长，四肢缩短，乃至无肢体。飞蜥（飞蜥属）体侧有皮膜，可滑翔。王蜥能跑过短距离的水面。

蜥蜴生境各异，生活于地下、地表或高大的植被中，沙漠及海岛中均可见。仅存的海生种为加拉帕戈斯群岛的海鬣蜥，食海藻。有几种蜥蜴部分水栖，食淡水生物。对蜥蜴最为重要的环境因素为温度，许多种有其“最适温度”，会晒太阳以升高体温，使之高于气温。生活于寒冷地区的种冬眠。昼长对蜥蜴亦有影响。大部分蜥蜴为卵生，卵产于所挖穴中，树木、岩石的裂缝中，或落叶层下。有些蜥蜴（尤其是生活于高海拔、高纬度地区者）为卵胎生或胎生。多无护卵习性，但五线圆筒蜥在孵化期间守在卵边。少数种有孤雌生殖。后者的孤雌生殖型为两个两性种的杂种。许多壁虎将卵产于同一地点。豢养条件下希拉毒蜥寿命可达25年，壁虎达20年。

多数蜥蜴昼间活动，壁虎多在薄暮至破晓之间活动，并能发出大声（而大部分蜥蜴不能发声）。蜥蜴的捕食方式为静候或搜寻。许多蜥蜴能将尾部自割，断下的尾能迅速扭动以分散捕食者的注意力，蜥蜴得以逃脱。许多蜥蜴有领域行为（包括领域表演）或求偶表演。许多种有股孔，可能用来分泌化学物质以吸引异性。蜥蜴对于人的经济意义不大。某些鬣蜥可食，有些可制革。壁虎栖于居室，可捕害虫，但可能传播沙门氏菌。蜥蜴是生物学的重要研究材料，又常饲为玩赏动物。

鬣蜥的身体结构及其各自的作用

鼻子和嘴巴 蜥蜴的鼻子并不是用来闻气味的，而是用来呼吸和排出盐分。它的嘴是用来吃东西和厮咬，而舌头是用来分辨气味的。蜥蜴经常会把舌头伸出来，实际上它是在探测周围的环境。

眼睛 眼睛当然是用来看东西的。当拍它的头或脖子时，它会把眼睛闭上。它这样做的原因还不太清楚，但肯定不是因为不舒服或痛才那样做的。

鼓膜 在蜥蜴头部两侧的小圆片，就是它的耳朵，或者叫鼓膜。大部分爬行动物是聋的，但蜥蜴是有听力的。所以平时开音响或电视时要考虑到这点。尽管大部分蜥蜴不会被高声影响，可是蜥蜴在那种环境下会显得紧张，最好不要用太大声。

下巴 在耳朵下边会有一块圆的皮肤，像个斑点，叫次鼓膜盘。次鼓膜盘从生理上来说没什么特别的作用，可是可以由这些次鼓膜盘来分辨不同种类的鬣蜥。

股孔 蜥蜴的后腿上有一排小小的突起的孔，这些突起叫股孔。尤其是当蜥蜴成长时，会有些硬硬的像蜡一样的物质从股孔中分泌出来。雄性就是通过这些物质来标示它的领地。

背和腹 蜥蜴的后腿根之间有一个排殖孔，蜥蜴就是通过这个孔来排泄废物和繁殖后代的。

蜥蜴的主要品种

蜥蜴科 北草蜥、崇安地蜥、台湾地蜥、峨眉地蜥。

鬣蜥科 丽棘蜥、鬃狮蜥、草原蜥、喉褶蜥。

美洲鬣蜥科 环颈蜥、古巴变色龙、绿鬣蜥、双冠蜥、加拉巴戈陆鬣蜥、加拉巴戈海鬣蜥。

石龙子科 台湾滑蜥、拉达克滑蜥、山滑蜥、秦岭滑蜥。

壁虎科 托克逊沙虎、细鳞沙虎、伊犁沙虎、吐鲁番沙虎。

双足蜥科 白尾双足蜥、鲍氏双足蜥。

鳄蜥科 鳄蜥。

巨蜥科 孟加拉巨蜥、水巨蜥。

蛇蜥科 脆蛇蜥、细脆蛇蜥、台湾脆蛇蜥、海南脆蛇蜥。

蜥蜴主要品种简介

蜥蜴科（又称为正蜥科） 全世界包含有200多种，分隶20属。它们广泛分布于旧大陆地区（欧洲、亚洲和非洲）的热带、温带及寒带地区。最北几乎已达北极圈。其栖息环境包括草原、沙漠、树林等。

蜥蜴科的体形一般均细长，体全长在12~90厘米之间。头背部有对称排列的大鳞片。身体上的鳞片，形式不一。腹鳞均较大，大多为方形或矩形，纵横排列成行。瞳孔圆形。舌头细长，前端有深缺刻。尾相当长，易断但可再生。有四肢。一般有股孔或鼠蹊孔。

蜥蜴科的蜥蜴大都是卵生。母蜥有埋蛋的行为。少数是卵胎生，除了一些生活于沙漠或平原中外，大多数都有领域行为。主要以小型的无脊椎动物为食。某些生活在岛屿的正蜥科的种类，也吃食成熟的果实和种子。

鬣蜥科 全世界鬣蜥科有300多种，分隶于34属。它们广泛分布在旧大陆地区（欧洲、亚洲和非洲以及澳洲地区）。其栖息环境包括：沙漠、树林、热带雨林等。

鬣蜥科的蜥蜴一般都有相当大的头，很长的脚及尾巴。尾巴通常不易断，也不会自割和再生。身体全长在12~110厘米之间。全身均覆满小鳞片。这些小鳞片一般均有棱，而且在小鳞片间会有一些刺状或脊状突起的鳞片。瞳孔圆形。舌头厚且短，前端完整或有微缺。绝大多数的种类均是卵生。主要都以昆虫为食。少数种类兼食植物，而极少数专吃植物（均是大型的种类）。雄性的个体一般均有自己的领域。对入侵者，雄性个体都会以独特的韵律做“伏地挺身”或“点头”的动作。

美洲鬣蜥科 本科只分布于美洲、斐济和东加等地的热带至亚热带地区，部分是树栖性，部分是地栖性。沿背常具齿状凸起。舌厚而多肉，舌尖微微分叉。多为素食性，小至大型的蜥蜴都有，雄性通常有较鲜艳的体色。其中最常被饲养作为宠物的就是绿鬣蜥。

石龙子科 石龙子科分隶50属，1725种，是蜥蜴类中的大科，占全部蜥蜴种类的1/3以上。它们广泛分布于各大洲的热带、亚热带到温带地区。其栖息环境包括沙漠、砾石区、草原、树林、热带雨林等。

石龙子的体形通常呈圆柱形。身体全长在7～65厘米之间。头背部有对称排列的大鳞。全身均覆满覆瓦状排列的平滑圆鳞片。瞳孔圆形。舌头相当长而扁，前端有微缺。尾巴相当粗，横切面呈圆形，易断但可再生。没有股孔或鼠蹊孔。有或无四肢。

石龙子大多为卵生，偶有卵胎生者。主要以陆地生活为主，但也有些是树栖，或是半水栖，或是穴居的石龙子。大多数是完全只吃食昆虫或其幼虫，但体形较大的石龙子亦吃食小型的脊椎动物或兼食一些植物。

壁虎科 壁虎在演化史上属于较古老的种类。全世界达670种，分隶83属（占全部蜥蜴种类约1/5以上）。它们广泛分布于各大洲的热带、亚热带及温带地区。其栖息环境包括树林地、开阔地、干河沟、沙漠、草原及住宅区等。

壁虎的身体通常是扁平的，体全长最大不超过40厘米，外表有小型而软质的鳞片。头部背面没有对称排列的大鳞片。眼睛通常很大，其瞳孔为垂直型与猫眼相似，没有可动性的眼皮。壁虎都有四肢，其脚趾大都强而有力，通常脚趾都较宽扁，且趾下有皮瓣，皮瓣上有数以万计的细毛（大约有100微米），每一细毛中又有许多的分叉（有100～1000个分叉出来的微细毛）。这些皮瓣下的细毛，才使得壁虎能在平滑的墙壁上爬行。壁虎大都有股孔，但只存在于雄性的个体中。遇有敌人或干扰时，容易断尾逃脱，尾巴再生力强。生殖方式为卵生，大多数壁虎每次均产两个蛋。壁虎大多在夜间活动，但也有主要以白天活动的壁虎。它们大都能发出叫声，从轻微的声音到极大的吼叫声都有。壁虎是所有蜥蜴种类中最能发出声音和使用叫声来表达的蜥蜴。壁虎主要以昆虫和其他节肢动物为食，少数种大型壁虎，也以小蜥蜴、老鼠或小鸟为食。

双足蜥科 仅有双足蜥属等两属，11～16种，是分布于东南亚的穴居蜥蜴。

无前肢，仅雄性有短的后肢，眼退化，体小似蚯蚓，从外表上看易与盲蛇、无足的石龙子或小型蛇蜥混淆。体形小，呈蚯蚓状，全长在225毫米以下。周身被有覆瓦状圆鳞。雄性具一对短而扁平的后肢，嵌在肛侧的凹沟内。雌性前后肢均无。头部鳞片少，眼退化，隐于眼鳞下。无耳孔。舌短，前端尖，后端分叉，舌面有横褶襞。齿小而尖，有钩曲。无颞弓。肩胛骨、喙骨和胸骨仅有残迹。腰带有一长的髂骨，与耻骨、坐骨紧密愈合成髋臼。有肛前孔，尾短而钝。营穴居生活，有时到地面活动，常在朽木下边发现。食昆虫。卵生。

鳄蜥科 躯干圆柱形，尾长侧扁似鳄鱼。体长224~377毫米。体侧有颗粒状的细鳞，尾背上方有两行明显的棱鳞形成嵴棱。体为棕色，腹面淡黄或为金红色，体侧有粉红斑。头侧有由眼旁发出八条深色纵纹，体背部和尾部有十几条深色宽纹。

巨蜥科 由于体形大，攻击性强，俗称“五爪金龙”，巨蜥科的蜥蜴是现生蜥蜴类中平均体形最大的一科。身体全长最小的约30厘米，最大的可达350公分（其体重约135公斤）。虽然体形大小差距甚大，但在分类上特征是一样的。它们广泛分布于非洲大陆、亚洲中南部及澳洲大陆等地区。其栖息环境包括溪流、沙漠、草原、树林等。

巨蜥的颈部甚长。全身均覆布大小不等的心鳞片。瞳孔圆形。舌头甚长且前端有深分叉。具有强壮的四肢。尾巴甚长、粗大，不易断。尾巴的功能类似船舵，且也常作为攻击或防卫的武器。没有股孔。

巨蜥均是卵生。有些以陆栖为主，亦有些是半水栖。常以甲壳类、大型昆虫、鱼、蛙、爬虫类、鸟类、蛋及鼠类为食。

蛇蜥科 外形像蛇，没有四肢。与蛇不同处为其有外耳孔及可开阖之眼睑，而蛇没有。躯干长最大约达 20 厘米，尾长最长达躯干长之 1.8 倍，成体体色以褐色为主，或深或浅，并散有许多蓝斑；幼体之两侧边带有深色或黑色纵斑。

生性隐秘，不易见到，喜欢栖息于较潮湿的天然林底层之落叶堆或土中，偶尔会到较空旷之林道或路边晒太阳，主食蚯蚓、蛞蝓或甲虫之幼虫，尾巴会自割，一窝可生 5 颗革质卵。

如何挑只身心健康的蜥蜴

宠物店的绿鬣蜥，可能有些是从野外捕捉来的，有些是其他喂养者出让的。所以它们或者是经过长途运输才到达，或者是被不时地喂养了一段时间，这些因素都使鬣蜥得病和受伤的几率大大增加，因此挑选一只健康的绿鬣蜥很重要。可以从以下几点考虑：

整体外貌

1. 皮肤是否干净、明亮整洁、结实有弹性，有无抓伤或咬伤的痕迹（咬痕及抓痕可能导致日后的溃烂）。

2. 腹部是否有烫伤的迹象（因为用底部加温器很容易造成烫伤。灼伤是可以痊愈的，但该处的皮肤日后会对底热比较敏感，也容易再度灼伤）。

3. 腹部是否沾满排泄物（肮脏的鬣蜥也许意味着不清洁的环境或是生物体虚弱生病的倾向）。

4. 泄殖腔有没有沾有粪便或尿酸盐（若是沾有，意味着鬣蜥可能有点虚弱，或是可能已经有寄生虫在体内了）。

5. 当拨弄它的四肢时，是否有反抗（虚弱或颤抖表示鬣蜥已经不健康，或是有钙质不足的征兆）。

6. 身体、四肢及尾巴是否有肿块、不正常突起（肿囊或是断骨必须经由医生来处理）。

7. 皮肤上是否有些暗红色或橘红色的斑点。

8. 身上的各部位有没有蚤类寄生。要多留意耳部、腋窝，以及背上的刺冠（如有，则显示长期以来在宠物店没有获得妥善照顾，很可能也是体质虚弱的）。

9. 后腿形状是否正常，腿股间是否有肿大的现象（一处肿大可能是骨折的征兆，两边都肿大可能是代谢性骨骼疾病）。

10. 是否骨瘦如柴，是否皮皱皱的，活动迟缓（消瘦、脱水的情形可能是内部的寄生虫或细菌感染）。

11. 尾部底端是否饱满厚实，或是消瘦得一摸就可以轻易摸到骨盆（太瘦的尾端底部表示长期挨饿或是营养不良）。

12. 观察它爬行时是否正常，有无跛脚，四肢是否有力。

头和五官

1. 眼睛是否模糊、多泪或有结痂（可能是呼吸道感染或是眼部发炎）。

2. 鼻子是否潮湿或是有干掉的鼻涕（流鼻水或是干掉的鼻涕可能是呼吸道感染）。

3. 口腔内部苍白或呈暗红色，上下颚和舌头是否有不正常的斑点。

4. 下颚两边是否肿大（可能为代谢性骨骼疾病）。

5. 面部、颈部、垂皮部分是否有肿块或隆起物（不论是硬的或是软的肿块都可能是受感染所导致的脓疮）。

如何分辨蜥蜴的性别

当蜥蜴还幼小时，很不容易从外表上分辨出雄雌，当它们长大后，就可以从某些外貌特征来分辨。一个最大的不同之处就是在它们大腿上的股孔，雄性的股孔更大，而且股孔会分泌出蜡状物质，而雌性就分泌得很少。在体长方面也有差异，雄性会比雌性更大，面颊更宽大，背部的凸起更明显。另外当它们性成熟后，雄性的泄繁孔附近更加突出，因为那里有阴茎。

一些品种的蜥蜴，比如市场上很受欢迎的王者蜥、双冠蜥和大部分的变色龙等，成熟的雌雄个体间有着非常明显的差异，雄性蜥蜴一般会有着更为亮丽的体色，也可能会拥有比雌性更为发达的某些性征器官，比如更加明显的喉扇或者头冠等。

但是另一些品种，比如流行的豹纹守宫、睫角守宫和鬃狮蜥等，它们两性之间的外表差异就没有这么明显。但是如果仔细观察成熟个体的尾根部，还是可以比较明显看到雄性的尾根部分因为收藏有睾丸等生殖系统而有两个明显的重大部分，而雌性个体相同的部位则非常平滑。某些品种，如豹纹守宫和日行守宫等，雄性个体还会在两条后腿之间有一排明显的股孔。

蜥蜴品种的选择

市面上出售的蜥蜴常见的有：东南亚翠绿蜥、丽纹龙蜥、水龙等，而目前国外流行蜥蜴宠物主要是饲养：绿鬣蜥、豹纹守宫、变色龙、平原巨蜥等，均是由人工繁殖了好几代的。

目前，能见到的蜥蜴大多是变色龙、鬣蜥、龙蜥、草蜥、石龙子等种类。能从市场买到饲养的蜥蜴主要有长尾鬣蜥、丽纹龙蜥、北草蜥、大渡石龙子这几种。

国内宠物市场，人工繁殖的个体数量比较少，造成市面上大部分的蜥蜴都来自野外捕抓而来，因为野外品种可能带有细菌，而且野外品种不适应人工环境，会造成大量死亡或疾病，所以不要购买野生品种。

购买蜥蜴，首先不要盲目喜好，绝大多数的大型蜥蜴是不宜饲养的，尤其是巨蜥类，除了它们受到严格的法律保护之外，它们极其危险的攻击性和潜在的疾病传染可能性是不得不令人忍痛割爱的。如果偏爱大个头的，素食性的美洲鬣蜥（体长可以达到 2 米）倒是个不错的选择。

其实产自中国及东南亚诸国的长鬣蜥（水龙）就是最好的选择。物美价廉、易于饲养、温顺可爱……它的好处太多了。其他容易购买又便于饲养的品种有：丽纹攀蜥、蛙眼守宫（新疆沙虎）、蛤蚧（大壁虎）、石龙子类、沙蜥类、麻蜥类、捷蜥蜴乌拉尔亚种、草绿攀蜥、豹纹守宫、鬃狮蜥、鳄蜥、北草蜥……加上一些进口的品种，可选择的并不少。

养绿鬣蜥要三思而后行

1. 绿鬣蜥能够在 3 年内长到 1.5 ~ 2 米长，你是否有空间来容纳这么个大家伙。

2. 绿鬣蜥是从热带雨林来的，需要足够的温度才能健康生长，你能否给它提供保温设备。

3. 需要紫外线照射、维生素和钙的补充、各种蔬菜的供应以及饲养箱的各种装备，需要不少的钱。

4. 每天都需要为它清理粪便、食物残渣，需要不少的时间。

蜥蜴的饲养与管理

蜥蜴喂养箱的建造

喂养箱的材料 通常多数人都使用装观赏鱼的盛水器作为蜥蜴的喂养箱，因为这是最容易买到和最现成的。还可以用铁笼子做个喂养箱，还有可以用木头加玻璃窗做喂养箱。直接用装观赏鱼的盛水器的话，通风会不好。用铁笼子不利于保温。

喂养箱的大小 假如有足够的空间，应该尽可能地供给大的喂养箱。蜥蜴是属于树栖的动物，在野外它们大部分时间是在树上度过的。在它们还是青年时期时，相对来说在地上的活动较多，所以随着它们的成长，会越来越多地攀爬。因此，喂养箱应该是做成比较高的，而不是比较长的。下面是喂养箱的最小尺寸：高度与它体长（含尾巴）相等，长度是它体长的 1.5 倍，宽度是它体长的 2/3。这样蜥蜴才能比较自由地爬、走和转身。假如空间太小，它会变得精神委靡。

垫材 垫材选择使用的原则是便于清洁处理和干燥。许多人喜欢用报纸来做垫材，因为可以用完就扔掉。总之不要用木屑、沙子等其他蜥蜴容易误吞的物质。

饲养器皿 这要根据所要饲养的蜥蜴的体形大小来决定。饲养小型蜥蜴，准备 80cm ×50cm 大小的饲养箱即可，而大型的比如绿鬣蜥、长鬣蜥等品种，至少要准备一个足够它们活动的空间。通常人们使用的器皿以玻璃缸居多，我的建议是定做一个木质的宠物箱为最理想的选择。无论是结实程度、透气性以及搬运的方便性，均以木质为理想。

饲养用具 水盆、食盒、攀爬物是必不可少的。方便的话再放置一个供蜥蜴躲藏、休息的窝，就再好不过了。灯具也是不能缺少的，绝大多数蜥蜴需要较多的阳光照射以便辅助自身吸收钙质和消化食物。所以如果不能满足自然光照的话就必须购置 UVB、UVA 灯具来补充光源。对于需要加温的品种，还要加置增温和控温器材。现在较为常用的加温工具主要有加温灯泡、加热垫（毯）、加热石等等。其中带有温度控制器的当然是首选。如果还能拥有一个湿度控制装置，那将是锦上添花的举措。

喂养箱内的玩具 最好能在箱中供给树枝，让蜥蜴可以攀爬。树枝最好能比蜥蜴的身体粗一点。将树枝在箱内沿对角线摆放。

蜥蜴饲养注意事项

通风 笼子至少一边的长度是蜥蜴体长的2.5倍。所用笼子应通风良好，避免笼内过于闷热有害健康。如果是用铁丝网做的饲养箱，通风当然不成问题。即使是用那种有玻璃盖子的玻璃缸也是可以的了，但是不能使用那种完全密封盖顶的养鱼用的玻璃缸。如果要用缸，最好用旁边设有通风孔的缸。用前面有玻璃门，两旁都有纱网的爬虫饲养箱，才会有良好的通风效果。

温度和照明 用白炽灯既可以加热又可以照明。将灯设置在箱的一个角上，可以在箱里产生一种有温度梯度变化的环境。在灯的正下方就相当于一个晒日光浴的地点，这样蜥蜴可以在早上时在这里把身体晒暖。一般情况下，箱中最冷的温度也要在35℃左右。一般来说，热带雨林的蜥蜴1天至少需要有10个小时的内部温度要在38℃，这样才能保证它可以进行正常的消化。最好不要把灯直接放到箱内，因为这样蜥蜴容易爬到灯上，导致烫伤。

紫外线 让蜥蜴能够晒到紫外线是非常重要的。它们需要通过照射紫外线在皮肤里合成维生素 D_3，而 D_3 是促进钙的吸收的。太阳光是最好的选择，如果实在不能照到日光，那么就必须为它们准备紫外线灯（尤其是UVB灯），不要隔着玻璃或是有机玻璃给蜥蜴照射紫外线，因为这些物质会使紫外线衰减得很厉害。

光照周期 所谓光照周期，简单来说就是指蜥蜴每日需要照灯光多长时间。一般推崇每日给它们照射 14 小时的灯和紫外线。可是必须保证晚上时间是黑的，没光的，假如长时间亮灯的话，会使蜥蜴精神紧张。

湿度 蜥蜴是生存在高温高湿的中美和南美地区的一种蜥蜴。较高的湿度对它们的皮肤有益处，可是想要在人工喂养的环境下保持高湿度是比较困难的，不仅仅是因为保持高湿度的装置比较复杂，另外要在这种高温高湿度的环境下保持卫生是很困难的。因为在高温高湿度，以及食物、排泄物等作用下很容易滋生细菌。

食物 小型的蜥蜴可以喂食蟋蟀。如果能吞食，刚出生的小老鼠营养价值最高。另外还可喂食昆虫、蚯蚓等。仅喂食昆虫，容易发生钙质与维生素摄取不足，应添加专用营养剂。

从中型到大型的蜥蜴，如水龙、成年美洲鬣蜥、平原巨蜥等应配合蜥蜴的体形选择各种大小的白鼠喂食。白鼠来源不足时，可喂食一般的肉类、肝脏、猫粮等食物，但最好添加专用营养剂。石龙子、美洲鬣蜥、水龙等兼食植物的品种，可喂食蔬菜、水果等，并添加专用营养剂。

蜥蜴喂食注意事项

水 像众多生物一样，蜥蜴可以一段时间没食物吃，可是假如没水喝，那就会死去。所以应该供给蜥蜴一碗水，使它在想喝水时可以有水喝。应该留意保持水的清洁，最好是每日都换水。虽然所需要的水分大多从食物中获得，但仍然需要为它们准备一碗清水，因为有时单单靠食物的水分并不足够，例如当它们吃的比较少时、吃的食物比较干时，就需要额外补充水分了。饮水最好用凉开水。喂水的方法：人坐在椅子上，将其放在腿上，用手指将蜥蜴的头轻轻倾在水中（盛水的器皿应用较浅的碗），其腮部如果蠕动则为正在饮水；如蜥蜴扬头挣扎，说明其不渴，不必马上喂水。

喂食的时间 蜥蜴应该每日都喂食，喂食的最好时间是9～11点这个时间段，因为蜥蜴需要在早上晒太阳（自然的或人工的）把身体的温度提高，然后才会起身进食。不过在自然界，蜥蜴是在午后才进食的，可以在早上把食物准备好，蜥蜴就随时可以吃到食物。

如何喂食 应该把食物切成小碎块，至于要多小，这要由蜥蜴的大小来确定，总之不要把它们噎了。另外应该把食物充分混合，因为蜥蜴会有挑食的行为，假如不把食物混合好，它们会专挑喜欢吃的，这样会导致营养不良。

蜥蜴的营养补充

钙和磷 在供给蜥蜴的食物中，通常来说，最好是钙的含量是磷的两倍。不过，一般来说钙磷比例在1∶1也是可以接受的，尽管2∶1的情况是最理想的，不过即使稍微大于2∶1也是没害的。这个比例对骨骼的生长和保持，以及对肌肉的收缩和身体其他机能的正常运转尤其重要。只要一段短时期内疏忽了这一钙磷比例的供给，就会引起骨骼代谢病以及其他一些疾病。而且通常情况下，是低钙症比低磷症更容易出现。也就是说一般情况下喂养者常常没有供给足够的钙给蜥蜴，而不是磷。所以在选择食物时应选钙磷比1∶1以上的食物，当然2∶1是最理想的比例。可以把钙片磨成粉末和食物搅拌在一起喂食。

维生素 D_3 维生素 D_3 在对钙的吸收上起着关键作用。假如缺乏 D_3，蜥蜴将没法吸收食物中的钙。D_3 可以从两个途径获得，一个是食物。对于钙的补充，应只使用那种只含有钙和 D_3 的钙片，而不要那些还含有磷的钙片，因为这样对改良食物中钙磷比偏低的情况没什么大作用。一个是靠皮肤通过照射紫外线（UVB）来产生。可是蜥蜴很不容易从食物中吸收 D_3，所以主要是靠它们的皮肤来产生。因此，给蜥蜴足够的UVB照射是尤其重要的。还要给它足够的光照，让它产生必需的维生素 D_3。

蜥蜴不宜多吃的食物

草酸 草酸会和钙反应生成草酸钙，草酸钙是不容易溶解的一种盐。所以在给蜥蜴的食物中，应该避免那些富含草酸的蔬菜，例如菠菜、大黄、甜菜、芹菜茎等。平常喂养中不要把这类蔬菜作为主要食物，只能少量供给。不然很容易得缺钙性骨骼病。

丹宁酸 丹宁酸会使蛋白质凝固，使蜥蜴不容易消化和吸收，而且还导致铁质和维生素 B_{12} 难以利用。所以同样要避免过量供给这类食物，包括菠菜、胡萝卜、香蕉、葡萄、生菜、大黄、洋葱。

致甲状腺肿的蔬菜 就像那些富含草酸的蔬菜一样，有些蔬菜也不能过量喂食。诸如卷心菜、椰菜、花椰菜等会引起蜥蜴的甲状腺问题。

蜥蜴蜕皮期的管理

所有的蜥蜴都会蜕皮，因为爬虫类的外皮不会随着个体的成长而生长，因此每隔一段时间需要将已经不适合体形大小的旧表皮退掉，换上更大一些的新外皮，顺便也去掉以前附着在旧皮上面的寄生虫，一些品种还会将蜕下的旧皮吃掉以获得额外的蛋白质来源，因此蜕皮是蜥蜴的生命周期中非常重要的一种生理行为。但是在一些情况下，蜥蜴可能会发生蜕皮困难。蜕不掉的外皮影响观赏事小，甚至还可能勒在个体身上造成局部供血不足，严重时甚至会造成肢体伤残，这就非常严重了。因此对于蜕皮不畅的预防和处理是一门对蜥蜴爱好者来说非常重要的技能。

一般来说，造成蜕皮不顺利的原因主要有两个：

环境湿度不够 环境湿度问题很容易理解，湿润的空气有助于即将脱落的角质皮层变得更加柔软和有弹性，有助于从身体上剥离。一般如果因环境湿度不够而发生的蜕皮不顺利，可用给蜥蜴泡一个温水浴的方法解决，但是温水浴需要你一直在旁边看护，防止蜥蜴逃跑和溺水等危险出现。更好的方法是用一个可以关闭的塑料盒，里面铺上湿润的纸巾，将个体放进去盖上盖子放置 20 分钟左右，这时蜥蜴身上的死皮会变得非常柔软，可以用镊子或者棉签小心地帮助它们将死皮慢慢剥除。这个方法适用于一些中小型体形的蜥蜴。

营养不良 主要是因为个体缺乏维生素 B 族类的营养，造成新陈代谢活力不够。这种情况如果出现，则表明个体的营养和身体状况均未处在最佳水平，除了需要人工帮助去除旧皮治标之外，还一定要给个体加强营养补充治本。

蜥蜴在一生中都会不断地蜕皮，幼年的蜥蜴蜕皮更加频繁些。蜥蜴蜕皮是一点点蜕的，它不像蛇那样是一次就把整张皮蜕掉，所以蜥蜴的蜕皮会是在一段时间内慢慢完成。在它蜕皮时，不要尝试去帮它把皮撕下来，因为那样容易造成不必要的伤害，最好是给它淋浴，那样有利于更快更容易地蜕皮。

另外，一些品种的蜥蜴喜欢在粗糙的物体表面摩擦身体来将旧皮蹭掉，如果在蜥蜴蜕皮的时候在饲养环境中放一些诸如石头或树枝等能够帮助它们摩擦身体的物品，会使蜥蜴的蜕皮过程更加顺利。

混养蜥蜴的注意事项

首先，要弄清楚所饲养的蜥蜴种类的生活习性和生活环境。不同的品种对温度、湿度、光照和食物种类的需求不尽相同，使得混养变得非常困难。而有些种类的蜥蜴领地观念非常强，一旦混养，雄性之间，甚至雌性和雄性之间会因为争夺食物、空间、交配权和领导权爆发激烈的打斗，造成严重的伤害，最坏的情况下会造成个体的残疾甚至死亡。

其次，混养很可能会造成个体之间的相互传染，使疾病在所饲养的种群之中传播并带来巨大的损失。绝对不要将新购入的个体马上放进其他个体的饲养箱中，这种做法将会带来很大的健康上的风险。新购入的个体，一般需要单独饲养1~3个月来稳定状况并确定其是否携带疾病。

混养带来的其他问题还包括压力问题。混养的蜥蜴中较为弱小的个体无时无刻不受到来自更加强大个体的压力，这种压力包括空间、食物和水源的控制权。长期处于这种压力之下的个体会因为紧张和营养不良导致紧迫，直到某一时刻个体的健康状况彻底崩溃。另外的一种情况是混养中的雌性遭到雄性持续不断的骚扰和交配要求，持续地怀胎或者产卵会让雌性遭受营养不良的问题，严重时会导致个体的死亡。

因此，如果决定要混养某一或者某几个品种的蜥蜴，首先要确认这些品种是可以混养、比较社会化的品种，习性类似，没有暴发大规模传染病的可能性。混养个体的体形大小要相近，雌雄性的性别比例要适当。同时，最重要的，一定要提供非常非常大的饲养空间，并且在饲养空间中设置大量的隐蔽处来帮助弱势的个体躲避。

虽然混养并非是一种绝对不可行的饲养方法，但这种饲养方法需要大量的经验和研究作为成功的保证，如果饲养功力还未达到一定的境界，最安全的饲养方式就是还将个体分开单独饲养。

如何为蜥蜴热水浴

定期给蜥蜴做一次热水浴好处很多：可以在热水浴过程中为其补充水分，热水的温度会提高其肠胃的蠕动速度刺激排泄，而且对它们的皮肤有好处，另外也有利于它们蜕皮。可以让其看起来更加干净和漂亮。

给蜥蜴做热水浴，首先需要明确的就是水温，一般来说，水温在32℃～35℃之间是非常适合的。

水深也是需要考虑的问题，一般来说大部分的蜥蜴水性都不是很好，泡水时如果水太深很可能会有溺水的危险。因此，水位以刚刚没过蜥蜴的腹部比较合适。但是在热水浴的过程中饲主最好还是能够在旁边看护，避免溺水或者逃逸发生。

温度变化也是需要注意的问题，尤其是在冬季室温较低的时候，热水会很快冷却，而短时间内的剧烈温度变化会导致蜥蜴患上感冒。可以守在一边，用一个温度计随时观察水温变化，适时添加热水以保持水温，也可以在水盆上方加一盏加热灯来加热水和水面上的空气，防止水温的剧烈变化。一般给它泡上15～30分钟为宜。

如何为蜥蜴修整指甲

蜥蜴有12只锋利爪子。最好能把这些爪子修整齐，因为假如这些爪子太长，可能会伤害到它自己、它的室友，关键是很容易伤害到它的主人。有很多方法来修整它的爪子，例如可以用人用的指甲剪来剪。可是由于人类的指甲是平的，所以用人用的指甲剪会给它们造成不舒服的感觉，所以最好是用那种为鸟或猫狗剪指甲的指甲剪，因为这种指甲剪更适合剪圆形的指甲。

在给它们修剪时，最好准备些止血药，以便万一受伤了可以用来止血。修理蜥蜴的指甲，只应将它指甲的尖尖剪掉，不要把整个指甲剪掉，因为指甲的基部是有血管和神经的，剪掉的话蜥蜴会很痛。

如何训练蜥蜴排便

大部分蜥蜴每日排泄一次，1 天排泄多于一次是很少见的，不过有些蜥蜴是隔天一次。排泄物由三部分组成，一部分是固体的长条状物；一部分是黏稠状液体；还有一部分是白色物质（变干后有点像粉笔灰），这部分主要是尿酸盐。蜥蜴的排泄物应该是由这三部分组成的，不过每部分的多少可能每日不同。

训练蜥蜴自觉去固定点排泄，会使得清洁处理工作更容易。可以给蜥蜴泡温水池，通常它会在温水里排泄。让它慢慢习惯了在水池里排泄，然后把水去掉换上报纸在池里，它就会习惯在报纸上排泄了。

另外一个简单的方法就是，假如蜥蜴常常在喂养箱的某个地点排泄，那就在那里铺上报纸，让它习惯在报纸上排泄。更多时候蜥蜴喜欢在柔软的地方排泄，例如毛毯、报纸等。

如何驯化鬣蜥

鬣蜥是一种大型的蜥蜴，成体将近2米长，在野外它是用强有力的尾巴和利齿来对待敌人。在人工喂养下，假如不把它驯化，那么将会很不容易和它相处，因为它很强悍。越早起步驯化它越好，因为鬣蜥越大就越难驯化。

鬣蜥的驯化一定要有耐心和毅力，驯化过程实际上是饲主和鬣蜥之间的一场战争。首先要把它抓到手上，最好不要从它的上方去抓它，因为鬣蜥的天敌多数是在空中的，所以从上方下手会令它尤其慌张，最好从下面（它趴在树枝上时）往上抓它。当抓它时它会到处乱逃或者用尾巴攻击你，可是你一定不能退缩。当把它抓到手后，鬣蜥会拼命挣扎甚至会咬你，这时不能松手，因为假如这时放手，鬣蜥就会觉得用这种方法可以逃脱，以后每次抓它时，它都会拼命挣扎。所以当它挣扎时，要用力抓紧（当然不要把它掐死了），过一会儿它就会安静下来。这时就可以用手抚摩它的身体，让它习惯你的抚摩，或者给它泡泡澡，喂些它喜欢的食物等。这期间它很可能还会再挣扎，同样你一定不能示弱，用力抓紧它，当它安静后才可以把它放回喂养箱。总之，要让它知道不是在你手里逃掉的，而是你放它走的。这样坚持常常把它抓在手里把玩一段时间，例如给它喂食物，慢慢地它就会习惯了。

蜥蜴拒食的原因及对策

蜥蜴拒食无非是因为外因和内因导致，简单来说就是外部环境不适导致的拒食和因健康原因导致的拒食。当发生拒食情况后，第一时间找到导致拒食的原因并加以矫正，将会在最大限度上保证蜥蜴宠物的健康和安全。

首先需要考虑的是外部温度和光照，由于爬虫类全部是冷血动物，需要一定的外部温度来帮助完成消化过程和其他正常生理活动，因此不正确的温度往往是导致个体拒食的最直接原因，过低或者过高的温度都可能使个体拒食。因此弄清所饲养的品种喜欢什么样的温度条件，并且在饲养环境中制造适宜的温度阶梯差异，会有效地解决因温度不适导致的拒食现象。

如果温度不是问题，那有可能是环境嘈杂，令鬣蜥神经紧张，导致拒食。如果是这样，应尽快把喂养箱放在一个相对安静的地方。

光照周期也可能会导致蜥蜴拒食，无规律的光照会使蜥蜴的生理时钟紊乱，从而影响它们的正常生理活动，正确控制人工饲养环境中的光照时间会对维持蜥蜴的良好食欲产生辅助作用。

其次，季节交替也会影响蜥蜴的食欲。一般来说，秋冬季气温较低，环境干燥，进入这两季的时候，尤其是换季是气温急剧变化的时候，蜥蜴会因天生对气候改变非常敏感的本能而拒食。

过于拥挤的饲养环境也会导致拒食的发生。一般来说，大部分蜥蜴都是领土性很强的品种，尤其是对于雄性个体来说，维持属于自己的领土不但意味着有保证的食物来源，往往也意味着处于支配地位的社会地位和更多的交配机会。因此当大量个体拥挤在窄小的饲养环境中时，尤其是多只雄性共处时，往往体质较弱者会不断受到来自强者的挑衅、压制和骚扰，造成极严重的紧迫状态而导致拒食。这种情况下将个体分开单独饲养便可以有效地解决。

一些个性比较害羞的品种，比如变色龙类的蜥蜴，很可能会因为环境过于开放暴露，没有足够的植物遮蔽产生足够的私密空间而产生紧迫感，往往也会产生拒食现象。因此在购入新品种之前了解这个品种的性格特点和对环境布置的要求，将会有效地避免这种情况发生。在个体刚刚购入的一段相对长的适应时期中，不要过多打扰和把玩所饲养的蜥蜴，也会有效地避免上述情况的发生。

而导致蜥蜴拒食的内因则主要是蜥蜴个体自身的健康问题。一些野生个体会因带有较严重的寄生虫感染病症而导致衰弱拒食。另一些情况下则是个体因细菌感染或环境不适，导致肠胃炎症而拒食。无论是何种情况，首先采取的措施一定是将个体隔离，以防传染，再针对病症加以治疗，才会收到较好的效果。同时，避免购入野外捕捉的蜥蜴品种，也是避免风险和保护生态环境的不二法门。

鬣蜥常见病的防治

体外寄生虫 要经常仔细观察鬣蜥的体表，留意是否有黑颜色或红色的小点和凸起。假如发现有则必须马上把它清除，并对喂养箱进行消毒处理。

体内寄生虫 体内寄生虫的检查需要通过对鬣蜥的排泄物进行观察和检验，检验需用显微镜。

打喷嚏 鬣蜥会常常打喷嚏，一般是正常的，因为它是通过打喷嚏来排除体内的盐分（人是通过流汗）。但也有可能是呼吸道有问题引起的打喷嚏。这主要是由于鬣蜥呼吸的空气不够新鲜导致的，例如喂养箱所用的垫材是多粉尘的，就很容易引起呼吸道的毛病。如果发现鬣蜥大力呼气甚至是需要张开嘴巴来呼吸，那么很有可能是呼吸道出了问题。如果在鼻子和嘴巴处有泡沫或黏液，那也很有可能是呼吸道感染了。总之，为了保持鬣蜥的健康，最好是提供一个干净和温暖的环境给它。

断尾 在喂养鬣蜥的过程中，它可能会出现断尾这种事情。在野外，鬣蜥是通过自行断尾这种办法来逃脱猎食者的利爪的。在人工喂养的情况下，常常是由于喂养者抓它的尾巴导致断尾的，因此在抓鬣蜥时一定不能抓它的尾巴。假如鬣蜥尾巴断了，那么最好留意喂养环境的卫生，以免它受到感染。它的断尾会重新长出来，可是长得不会像原来的那么好看。

鼻子破损 许多人工喂养的蜥蜴都会有鼻子破损的现象，尤其是那些养在玻璃缸或铁丝网笼子里的蜥蜴。因为它们感觉环境太小或不舒适，就会一次又一次地试图冲出牢笼，结果是碰得满鼻子伤痕累累。当鬣蜥老是想冲出牢笼时，那么可能是喂养箱太小了，或是没有足够的树枝给它攀爬。发现鬣蜥鼻子破损了，要留意保持很好的环境卫生。

便秘 一般来说，鬣蜥会每日都排泄一次，有的可能隔天或隔两天一次。如果鬣蜥排泄时间不正常了，那有可能是便秘了。治疗方法是，把它泡在水里（温度要适中），过一段时间它就会排泄。假如这个方法还不行，那就帮它按摩一下肚子，这样会刺激它排泄。

代谢性骨骼病 代谢性骨骼病是人工喂养环境下，鬣蜥很容易犯的一种病。主要表现为骨骼脆弱，容易骨折，大腿肿胀没力等现象。这主要是由于缺钙引起的。只要补充足够的钙，此病是可以治疗好的。

图书在版编目（CIP）数据

家有宠物巧饲养之蟋蟀·蝈蝈·蜥蜴/杨晓光主编.
—北京：中国社会出版社，2010.2
ISBN 978-7-5087-3089-9

Ⅰ.①家… Ⅱ.①杨… Ⅲ.①蟋蟀—饲养管理②螽蟴科—饲养管理③蜥蜴—饲养管理 Ⅳ.①S865.3

中国版本图书馆 CIP 数据核字（2010）第 016704 号

书　　名： 家有宠物巧饲养之蟋蟀·蝈蝈·蜥蜴
主　　编： 杨晓光
责任编辑： 杨建萍

出版发行： 中国社会出版社　邮政编码：100032
通联方法： 北京市西城区二龙路甲 33 号新龙大厦
电　话：（010）66080300　（010）66083600
（010）66085300　（010）66063678
邮购部：（010）66060275　电传：（010）66051713
网　　址： www.shcbs.com.cn
经　　销： 各地新华书店

印刷装订： 北京华创印务有限公司
开　　本： 145mm×210mm　1/32
印　　张： 4.75
字　　数： 75 千字
版　　次： 2010 年 2 月第 1 版
印　　次： 2014 年 3 月第 3 次印刷
定　　价： 8.00 元

刘正权散文阅读

刘正权 著

非卖品

目　录

这辈子做好您儿子

（1）父亲不是个受人尊重的人，一直不是。

（2）这跟他的目不识丁无关，七十岁往上数的乡下老头，认得字的可以用罕见来形容。父亲一辈子跟文化沾边的事只有两样。一是大集体每年年底在超支单上签上自己名字，为这个不算长脸的事，父亲花了三天时间学会写自己的名字，一个字一天工夫。把那些横撇竖捺绑架到一个方块里，对父亲来说，比耕田耙地不会轻松到哪儿，父亲弄出了一身冷汗，骨子里，他更倾向于出一身热汗，那样每个毛孔是透爽的。打那天起，父亲对文化人的尊崇到了无以复加的地步。二是，父亲的五个子女中，居然有一个靠文化吃饭了，成了作家。这让他每次看我时，目光中总有藏不住的怀疑，这是那个曾经骑在他脖子上撒尿淘气的小儿子吗？

（3）呵呵，忘了告诉大家一声，父亲的那个作家儿子，是我。

（4）父亲不受人尊重的理由很多。固执是首当其冲的一个，暴躁是当仁不让屈居第二，忝陪第三的，应该是没尽到父亲责任。不能再往下排了，再排下去，父亲就一无是处了，做儿女的，得学会给父亲留点脸面，书上都说了，天下无不是的爹娘。

（5）但我还是想违背一下做儿女的原则，说说父亲的不是。

（6）就从父亲的固执说起吧。父亲的固执，使我们一家生活，一再跌入生活的底谷。从我记事起，我们一家就生活在贫困交加中，好在那时大家都穷得一个模式，你家一年到头看不见四两猪油，他家同样从春到秋望不见一块新布，我家呢，连猪油新布这种词都避之唯恐不及，不敢想，一想那日子就被抽去了精气神。

（7）父亲当过不到一年的生产队长，不是他多有能力，而是他除了勤扒苦做，还会憨吃苕干，干活不惜死力的那种。队员们本以为，找了一个不偷懒的人当队长，干活时可以少背上一个人的活路，孰不料，父亲以自己的苦做苕干要求所有的队员向自己看齐。

（8）五个指头伸出来是有长短的，乡下有句老话，吃不过人是各人的饭碗，做不赢人是各人的手段。吃不过父亲也做不赢父亲的队员们就使出手段，把父亲的队长拿了下来。

（9）人生的辉煌至此结束，父亲是不甘的，好在生产队很快解体，包产到户，父亲对家里生产安排独行专断。结果是，高产杂交稻进入农村五年后，父亲才接受这个新生事物，他是以家庭经济五年入不敷出为代价换来的这个认识。

(10) 一步落后步步落后的父亲被两个哥哥冲天的怨气拉下马来，大权旁落。

(11) 那时他才五十岁，古人说的知天命的日子到了。

(12) 父亲没有知天命，也没有顺应天命，他的脾气无端暴躁起来，沾不得酒，酒似乎成了他杀世的仇人。

(13) 一沾酒就吼叫咆哮，为此吓哭了几次刚出生的侄儿，哥嫂口中就有了微词，分了家过也就罢了，还不让他带孙子。没见识过父亲暴躁脾气的村里人很意外，在他们眼里，父亲是个和善的人，树叶掉下来都怕砸了头的那种。

(14) 对父亲这种反常，冯小刚电影《非诚勿扰二》里一句经典台词可以诠释，说什么是穷人，恨自己穷过的人，翻身了最想干的，就是变本加厉使唤人。

(15) 换而言之，父亲是个懦弱的人，他在家里的暴躁，是要掩饰自己在外面的懦弱。

(16) 明白了这点，我深为父亲悲哀。

(17) 可惜，这种悲哀的日子老天爷都吝啬着，不愿意多给我几年。

(18) 一向以勤扒苦做憨吃苕干的父亲过了六十以后，做不赢一个人，也吃不过一个人了。

(19) 先是心脏有了问题，再就是腿脚，肿得像牛膝。请医生看了，说是年轻时做得狠了，静脉曲张导致，用了药，腿不肿了，那血管却吓人地暴起，我臆想，是不是父亲的暴戾之气都钻进血管里潜伏着了。

（20）这个时候的父亲，脾气已经难得地温和了，医生严重警告过，想多活几年，就少发脾气，他的心脏比家里喂养的肉鸡强不了多少，承受能力极为脆弱。父亲亲眼看见一只肉鸡因为隔壁人家办喜事，一个响炮吓得当场死亡，连扑棱一下翅膀挣扎的意识都没有，父亲当时脸就白了。

（21）我是在父亲脸色真正白如锡纸时赶回的乡下，他住院，我回来护理，说护理有点自欺欺人，是母亲行使护理的职责，我的回来，是担心父亲突然就走了路，好歹我是文化人不是，父母在不远游顾这类古训不遵也就算了，病榻前总得有点端茶递水的模样吧。

（22）父亲七十有三了呢。

（23）居然叫父亲熬了过来，那晚，我在病房里百无聊赖陪床看电视打发漫漫长夜。是一个家庭伦理剧，里面有一个场景，比较煽情的那种，一对彼此仇视多年的父子冰释前嫌抱头痛哭，已是弥留之际的父亲问那个儿子，说你恨我不？

（24）儿子泣不成声说，不恨，如果有下辈子，我还要做你的儿子！

（25）我对这种桥段向来不以为意的，所以没看出半分泪点，父亲忽然不看电视了，转头看我，看得我很不自在。末了他从枕头下摸出一本书来，我写的，他带到医院不是自己看（他只认得我的名字），他是向医生护士炫耀他有一个作家儿子的。

（26）父亲把书扬了一下，冲我谄媚地说，如果真有下辈子，我会做好一个父亲的。

（27）我心里，忍不住酸了一下，父亲不是会讨好子女的人，他一定是觉得亏欠我的太多，因为家贫，初中未曾毕业的我就下学务农，连我结婚，父亲都没拿出一分半毫作为帮衬，连一向自诩不嫌贫爱富的媳妇为此都暗地腹诽过父亲。

（28）我站起来，把枕头替父亲抬高了一些，说，干么要等下辈子，下辈子想做好父亲的人多了去，您只记住一点就够了，这辈子，我会做好您儿子！

阅读分析题

1.（1）段为全文作了哪些铺垫？请选择一个角度加以说明。(2 分)

2.（2）段中加点词“绑架”用得传神，请作具体说明。(2 分)

3.“父亲”这个人最大的特点是什么？请用原文中的一个词语表达，并另找一个与之相应的内容写在下面（2 分）

词语：__________。相应的内容：__________。

4. 文中细数了“父亲”的种种不是，作者的真正用意是为了诋毁“父亲”吗？说说你的理解。(2 分)

5.（22）段中“白如锡纸”一词是指什么？“真正”一词是指什么？(2分)

6.（25）段在描述“我”和“父亲”看电视剧的不同表现时，运用了什么手法？这样写好在哪里？(2分)

7. 从全文看，（17）段画线“不愿意多给我几年”中的“我”是否用错了？换成“他”行不行？说说你的理解。(2分)

参考答案：

1. ①借“贬”写“褒”。②运用曲笔，明写“父亲”的种种不是，实则是写“我”自己的种种不是。③给“父亲”下结论，为下文数落“父亲”开张。④以否定的语气为全文定调。⑤使全文拥有强烈的个人主观色彩。

2. 突出了人物的身份，表明写字对于“父亲”而言很艰难（不会写字），也表明“父亲”写出来的字很丑（没有笔顺笔画以及间架结构）。

3. 词语：勤扒苦做

相应内容（答出任意一点即可）：“干活不惜死力”、“苦做”、“骨子里，他更倾向于出一身热汗”、“父亲又独断专行着家里的生产”、“父亲没有知天命，也没有顺应天命”、“说是年轻时做得狠了”、“那血管却吓人地暴起”。

4. 不是。运用曲笔，看似在诋毁“父亲”，实则是自我讨伐，目的是以此来传达自己深藏内心的自责与忏悔。

5. “白如锡纸”是说“父亲”的病情已经发展到相当严重的地步。“真正”是说自己从来不以“父亲”为意，直到他的病危重到不得不回时才看他，以此写出了“我”的自私、无情、不懂事、不尽责。

6. 对比人物之间形成强烈的反差，既凸显了“我”的冷漠，又突出了“父亲”的动情和对“我”依恋与深沉的爱。

7. 不行。这里一方面写出“我”的自责、遗憾、忏悔期企望；另一方面反映出“父亲”在我心中的分量。

五个南瓜窝子

（1）吃完团年饭，刚生燃火盆，雪就一团一团砸下来了。

（2）我猫在火盆前烤火，双手夸张地在火苗上抓来抓去。新婚才三个月的妻偎在我身旁，把手笼在袖子里，妻是城里人，正月初五要上班，妻不想让同事闻见她手上烤过火的柴火味儿。

（3）城里人总有一些让乡下人看不惯的习气，或者毛病！

（4）妻就或多或少有这些毛病，比方说她看不惯家里那只白公鸡动不动就在母鸡背上折腾的流氓习气，也讨厌那只白公鸡时不时飞起来在她手里抢食的土匪行径。有一次妻恶狠狠踢了白公鸡一脚，用刚学会的乡下话骂它，“想赶刀啊，信不信我剁了你！”

（5）娘当时吓白了脸，怀了毛毛的媳妇要吃鸡是天经地义的。爹倒没吓白脸，爹轻描淡写补了句，“它可是妻妾成群的主，剁不得的！”妻从那回才发现乡下的农户，家家都只喂一只大公鸡。

(6) 鸡都能给惯出毛病来，何况是人。

(7) 我夸张地咳嗽一声，啪地吐出一只痰，在脚下！我是故意障妻的眼呢。然后伸出脚使劲一旋，地上就多了一个湿圈圈，我不是故意恶心她，我是让她早点适应乡下的生活，说句不怕丢脸的话，我的亲戚都是这样随便惯了的，虽然我眼下成了城里人。但，人不能忘本，是吧！

(8) 我也不想妻在亲戚眼里显得太生分。

(9) 爹烤了会火，又咳嗽了一通，开始脱我给他买的大头靴，换上一双大胶鞋。我问爹，下这大的雪，换鞋干啥去？

(10) 爹没言语，娘插了句，能干啥，挖南瓜窝子呗！我想起来了，老辈人传下的规矩，三十吃了团年饭挖的南瓜窝子，第二年结的南瓜又大又圆，家里有几个人就挖几个，来年一家人才会幸福大团圆——迷信不是！

(11) 爹扛了锹出门，雪风一下子灌进院子，我抱了一下膀子，看了眼妻，妻不说话，只是偎得更紧了。

(12) 咳嗽声渐渐被风雪淹没了。

(13) 我想起了爹的病，看过不少医生，也说不出名堂来，想是年轻时做得狠了，痨伤，又不舍得医，结果就落了根。我大学毕业后，日子好过点了，给爹抓过不少药，也吃了不少偏方，还是没效果。爹有时咳嗽狠了，痰里带血，身子弯成一张弓，头能触着地，给他开药的医生都死了好几个，可爹的病依然活着，比爹活得更顽强更有决心。

（14）我终于磨磨蹭蹭找了双旧胶鞋套上脚，顺着爹的脚印走了出去，爹的脚印很淡，很轻，像是怕惊动谁似的。一米七的男人，体重才一百来斤，干瘦一直是爹给我的印象。打我晓得写作文开始，我的文字中始终有一个干瘦的父亲，实在愧对我的读者了，我没能力让父亲丰满起来，尽管小时候的老师和后来的编辑都夸赞我说文中父亲这个角色一直都写得很丰满。

（15）但我清楚，丰满不属于父亲。

（16）找到父亲时，父亲正挖好了三个南瓜窝子，第四个也挖了一半。我接过锹来，说，年年不是只挖了三个吗？

（17）爹咳了一下，风雪不失时机地钻了进去，爹砸了一下嘴，“你媳妇不算家里人啊！”

（18）她啊！我苦笑了一下，“城里人不信这个的！”我的意思是让他别费这个心了。

（19）“我信！”爹横了我一眼，腰一弯，咳嗽加剧了。

（20）“我挖，我挖不行吗？”我嘟嘟哝哝甩开膀子干了起来。

（21）毕竟年轻力壮，没十分钟我就挖好了一个，抬起头，爹已在寻第五个窝点了。

（22）我说回去吧爹，爹犹豫了一下，要不再加一个小的？小的？我一怔，跟着明白了爹的意思，“您不怕别人笑啊，孙子还在肚子里，没影的事呢！”也是的，娘肚里的孩子，是黑是白还不分晓呢，爹嗫嚅了一下，我怕挨不过明年呢！

（23）我看了看爹，说，瞧你这话，太不吉利了，谁不知道破罐子经摔呢！

（24）经摔的爹却真的不经摔了，路上摔了几跤才到家，娘问爹咋了，爹说得很掩饰，酒喝多了，加上雪滑，摔几跤不算啥！

（25）年一晃就过去了，五月端午时，我的儿子出生了，八个月，早产，乡下有说法，叫养七不养八，说是八个月的孩子不如七个月的好养。我才不信呢，媳妇也不信，我们抱着孩子乐呵呵的。

（26）爹娘却眉头不展的，爹说，要死死我吧，冲一下孙子的关煞，又是乡下的迷信说话，人要戴重孝才能免灾，孙子戴爷爷的孝，当然是重孝了。

（27）爹竟真的过世了，身体不好加上忧虑孙子，就像饱经风霜的枯枝，加上雪雨一欺，咔嚓一声就折断了。

（28）爹死前拉着娘的手，只说了一句，记得挖南瓜窝子呀！爹过世不久，我把乡下房子变卖了，把娘接进了城，挖南瓜窝子，哪儿挖去！

（29）有娘在身边的日子真好，甚至是安逸，我家的洗衣机都成摆设了，娘还买了砂罐给妻煨汤喝，喝得妻的嘴一天比一天叼，在外面吃饭，从来不尝一只高压锅压出来的汤，说是寡淡，没味儿。

（30）日子有滋有味地过，转眼又是腊月三十了，依然下着雪，吃了团年饭，我和妻躲在卧室里逗小家伙看电视，娘在客厅和厨房穿梭着。

（31）我喝多了黄酒，尿急，出来上卫生间，一看，娘没了，人呢，我寻到阳台上，看见娘正弯腰在地上鼓捣着，阳台上不知什么时候多了四个小花盆，娘正用铲刀翻土，往里面点种南瓜子。

（32）风雪在没有封闭的阳台肆意飞舞着，娘没有发现我。

（33）我退了回来，从口袋里摸出一包烟，走进娘的睡房，爹的遗像前，我用打火机点燃三根烟，竖在桌子上。

（34）我知道这是迷信，但我想爹正有滋有味抽着它们，我甚至都听见了爹的咳嗽声！

阅读分析题

1. 文章写了父亲所做的“迷信”的两件事，请你分别概括出来。（4 分）

2. 请你从词语的角度赏析下面两个句子（4 分）

（1）爹扛了锹出门，雪风一下子灌进院子，我抱了一下膀子，看了眼妻，妻不说话，只是偎得更紧了。

(2) 爹的脚印很淡，很轻，像是怕惊动谁似的。

3. 结合前后文，在第（10）处补写“我”当时的神态和语言（3分）

4. 联系我们学过的《阿长与〈山海经〉》，说说你对文中父亲、母亲迷信做法的看法。(4分)

参考答案：

1. （4分）①父亲为来年家人幸福团圆顶风冒雪挖南瓜窝子；

②父亲为保佑早产孙子平安宁愿累死自己来冲孙子的关煞。

2. （4分）①“灌”、“抱”、“偎”三个动词，从直接和间接的角度写出了天气的严寒，更烘托出父亲热爱家人的可贵品质。②“淡”、“轻”这两个词形象准确地写出了父亲脚印浅浮的特点，间接表现了父亲的瘦弱体虚。

3. （3分）我眉头一皱，苦笑了一下：“她啊，是城里人，怎么会相信这种迷信的做法，你还是别白费这个心了。”

4. (4分) 文中的父母挖南瓜窝子保家人幸福这类的迷信做法，和阿长元旦要“我”吃福橘、说吉利话，本质都是一样的，都体现了长辈对晚辈由衷的关爱。我们要理解这种看似愚昧做法中深藏的良苦爱心。

搭 桥

（1）市里举办幼儿搭积木比赛，市电视台正在现场直播。

（2）现在进行的，是大班组的比赛。摄像机镜头下，孩子们像小大人一样，有板有眼地忙碌着。他们都想搭出心中最漂亮的图型，赢得评委和观众最热烈的掌声。

（3）既是直播，就得有互动，于是主持人开始在他们中间走动，不时即兴采访和介绍。

（4）这些积木作品中，有豪华的宫殿，有漂亮的四合院，有欧式的大教堂，还有……还有什么呢？主持人走到一组作品前，不知该如何表达了。

（5）在她眼前出 现的，是三个用积木搭成的圆拱。与前面那些造型精美的作品相比，它们简直简陋得不像个作品了。

（6）在它们旁边，它们的创造者——一个看上去有些土气 的小男孩，正怯生生地望着她。

（7）主持人愣了片刻，还是把话筒递了过去：“能告诉阿姨你搭的是什么吗？”

(8)“桥！”小男孩不假思索地回答，“三座桥！”

(9)主持人笑了笑。如果说两座桥的话，她还可以理解，那个第三座能算桥吗？有那么微型的桥吗？它还没有小男孩的两根手指长呢！

(10)“能告诉阿姨为什么要搭三座桥吗？”她忍不住问。

(11)小男孩看了看镜头，脸红得不行。他指着那个中号的桥说，“我家住在大山的腰上，四面都是沟，一下大雨，就不能出门。我想在沟上架座桥，好把妈妈背出大山，让她看看山外面的样子，妈妈腿不能动，一辈子没下过山！”

(12)主持人鼻子一酸，目光移向另一座桥。小男孩指着那座大号的桥自顾自地说了下去，“这座桥我想搭在山脚下的小河边，我们山里人出门都得靠一条渡船。去年爸爸跟村里的那些伯伯、叔叔进城打工，我们几个小朋友也跟着到城里上幼儿园，渡船坏了，我们十几个人等了两天两夜，船才修好，大家又冷又饿，有的小朋友还哭了呢……”小男孩顿了顿，冲主持人一笑，“不过，阿姨我没哭，真的没哭！”

(13)主持人点点头：“阿姨相信你没哭。那这个干什么用呢？”她用手指着那个不到两指长的微型小桥。

(14)“这个吗？”小男孩又顿了顿，“我们村有个小妹妹有先天性心脏病，她家就住我家旁边，可是她不能像我一样开心地玩。听爸爸说她得做心脏搭桥的手术，我想把这座桥搭在她心脏上!”

(15) 主持人不说话了，只是使劲将小男孩搂在怀里，小男孩给弄得莫名其妙：“阿姨，我对门的小妹妹太瘦太小，这座桥挤在胸口会不会让她心脏更难受呀?”

(16) “不，不会的!”主持人再也忍不住了，一滴泪从她的眼眶滚落下来。

(17) 当天的电视直播画面最后定格在这三座桥上。在一座座造型精美的作品中间，它们却显得格外光彩照人。

(18) 小男孩年底回家时，意外地发现两座桥架起来了：一座在山脚下的小河边，一座在自家门口。并且，小男孩还发现，他的妈妈竟坐着轮椅在桥上等他，而推着轮椅的，是那个有心脏病的小妹妹。

(19) 小男孩还小，比赛那天，他没注意到主持人在直播结束前对观众说的关于桥的一句话：“其实，我们每个人都应该在心中搭起这样的桥。”他只记得，在场的很多大人都哭了。

阅读分析题

1. 三座桥寄托着小男孩的三个心愿。请简要概括这三个心愿，每个不超过10个字。(3分)

搭中号桥：

搭大号桥：

搭微型桥：

2. 请分析下面句中加点部分的含义和表达效果。(3分)

“不，不会的！”主持人再也忍不住了，一滴泪从她的眼眶滚落下来。

3. 最后一段补充叙述那天主持人在直播结束前说的那句话和观众的反应，有何意图？(3分)

4. 结合全文内容，说说文章题目“搭桥”的含义。(3分)

参考答案

1. (3分) 背妈妈走出大山；让村里人出行方便；治好小妹妹的心脏病（一点1分，意近即可。）

2. (3分) “再也忍不住”表明主持人之前一直在努力控制自己的情绪（1分），但小男孩关爱村邻小妹妹的话语深深打动了她，使她情感决堤（1分），侧面烘托了小男孩心愿的纯真、善良（1分）。

3. (3分) 揭示小说主旨（1分）；表明观众的心灵受到极大的感染和震撼（1分），暗示倒数第二段中的情节发生的原因。(1分)

4. (3分) 表层含义：小男孩用积木搭成的三座桥；深层含义：小男孩及人们用爱心搭成的关心帮助他人的心灵之桥。(一点1分，答出两点得3分。)

再笨一点多好啊

（1）散学典礼是在各班教室进行的，这已经成了一个新的模式了，在广播里开会。

（2）领完成绩报告单，就算告别小学生活了，江小兰把课桌上的课程表又一次清扫了一遍，点点滴滴的日子就从课桌缝隙里清扫出来。

（3）可惜，没有一次能够清扫出点让她觉得值得开心的事儿。

（4）做一名学生，值得开心的事儿莫过于得到老师的表扬了。

（5）记忆中，老师从没表扬过江小兰。老师不是一个吝啬的人，他表扬起学习委员陈小丽来，像电视上韦小宝说的，有如滔滔江水连绵不绝，表扬起班长王小成来，也像黄河决堤一样一发而不可收。

（6）唯独一看见江小兰，她的双唇就立马抿成了一道缝，比电焊焊得还死的一道缝。

（7）就因为江小兰在全班最不引人注目吗？

(8) 要知道，班上最调皮捣蛋的苟小志都得过老师表扬了。

(9) 苟小志经常旷课。

(10) 那天，严格地说，老师正在批评苟小志呢，老师批评人很有水平，老师是这样说的。

(11) 有个别同学，我基本上只把他当作我们班上的一个影子，希望同学们不要被这个影子的行为而干扰了学习。

(12) 这个影子不言而喻，是指苟小志。老师说这番话时，苟小志正把个头低得扎进抽屉里半天了，本来，老师还准备发挥一句的，大家一定想知道影子的主人是谁吧？

(13) 偏偏有人在教室门外咳嗽了一声，一般在上课时敢在教室外面咳嗽的，只有值周领导。老师就回过了头，果然，领导站在外面，居然，是校长！

(14) 有什么事值得校长亲自到这个普通班的教室门外咳嗽一声呢？肯定是好事！坏事校长一般是安排人随便通知一声的。

(15) 老师就一脸绯红的小跑了出去，影子同学苟小志才瞅这个机会探出头来喘了口长气。

(16) 这气喘得真是时候啊！老师再次进来时，眼里暖和得像三月的风，语气轻柔得像四月的雨。老师说，建议大家先给我们班上的一个同学来一点掌声好不好？热烈点！

(17) 掌声就在老师带动下很热烈地响起来了。

（18）哪个同学应该得到这掌声呢？老师故意把同学们的胃口吊起来。

（19）同学们把目光先是投向王小成，老师摇了摇头。

（20）同学们又把脑袋歪向了陈小丽，老师摆了摆手。

（21）大伙都茫然了，伸长脖子看老师，老师脸上笑得像朵迎春花，一步步迎向苟小志。

（22）是影子？不要说大伙不相信，连江小兰也不能接受这个现实，就是轮流坐庄表扬，这会也轮不到他苟小志啊，自己好歹比他要安分守己吧！

（23）还真是苟小志！苟小志旷课在校舍区里闲逛，捡到一串黄澄澄的钥匙，交给了校舍区管理员，那钥匙无巧不巧正好是退休的老校长的。

（24）校长顺藤摸瓜，找到了苟小志所在的班级。

（25）影子一下子真真实实被表扬了一回，本来埋在抽屉里的头，这回像亚洲雄风中唱的，头仰成了高昂的山。

（26）这座山，就成了江小兰一直没能逾越过去的屏障。

（27）人家苟小志都得过表扬了，江小兰却一直与表扬无缘。

（28）小学里最后一次表扬就在今天划上句号呢！江小兰支起了耳朵，江小兰之所以敢支起耳朵是因为今年的表扬换了模式。有新三好奖，有好干部奖，还有进步奖，彻底改变了以往只凭成绩发奖状的定式，能得奖状，岂不就是一种表扬？

（29）新三好奖江小兰不敢奢望，好干部奖江小兰也不妄想，进步奖总该可以觊觎一下吧！要知道，江小兰从在成绩倒数第五跃进了中游了呢。

（30）进步奖偏偏只有四名。

（31）期中考试比江小兰排名靠后的四个都拿到了奖状，她们没跃进中游，但倒数名次过了前十名。只有江小兰，两手空空的，脑子里也一片空空的。

（32）叽叽喳喳的笑声一串串钻进江小兰的耳朵，笨鸟先飞，人家还真就飞自己前面领到奖了。

（33）下课铃响了，大伙陆陆续续飞了出去，只有江小兰，还在课桌前盯着课程表发呆。

（34）老师要锁教室门了，走过来，望一眼江小兰说，散学典礼结束了，你还在发什么呆啊？

（35）江小兰眼圈红红地站起来说，老师，我要再笨一点该多好啊！

（36）想要自己再笨一点？老师生气了，咋就教出这么个呆学生来！

阅读分析题

1.“影子”苟小志为什么“结结实实”得了一回表扬？（3分）

2. 结合上下文说说“影子”在文中所起的作用？（4分）

3. 理解文章倒数第二段“老师，我要再笨一点该多好啊！”的含义。（4分）

4. 谈谈文章最后“老师生气了”所反映的现实意义。（4分）

参考答案：

1. 虽然苟小志平时调皮捣蛋，但主动上交了捡来的钥匙，说明他是个本质善良的孩子；其次，钥匙恰巧是已退休的老校长的，得到了现任校长亲自表扬，老师因此沾光，所以“结结实实”地表扬了苟小志。

2. “影子”本来说的是苟小志这个因为“调皮捣蛋，老师希望同学们把他当作影子，不受他影响”的学生。但在江小兰看来，自己才是老师心中真正的影子，从来没有得到正视。

3. 第一，如果再笨一点，以前考试就可以排在倒数四名之内，进步后就可以得到“进步奖”；第二，如果索性再笨一点，对于老师的忽略，没有那么真切的感受，也不至于这么难受。这是江小兰对于所受到老师伤害的一种绝望的呐喊。

4. 对于江小兰的呐喊，老师只看到了她希望自己再笨一点的表达，而对于其内心的被疏忽的绝望毫无感知，再次表现出老师对于成绩中下等学生的忽略，说明江小兰事件并未对老师给以警醒。教育之路漫长，需要全社会予以关注。

致命关怀

（1）我是一名烧伤科医生，这几天，我吃不下饭，睡不好觉，我牵挂着我的一个患者，一个全身烧伤面积达90%的患者。患者才9岁，眼下她只有双脚上的皮肤是完好的。

（2）她的全身涂满了紫色的药水，尽管这样，还是不停地有黄水向外渗出。小女孩的嗓子被烧坏了，唯一能证明她还活着的，是她微弱得不能再微弱的呼吸。

（3）女孩的父母在千里外打工，眼下守在女孩身边的，是她年迈的婆婆。以我的经验，这个女孩只要熬过了今天，我们就算击败死神。临下班时，我再三叮嘱护士，千万不要给女孩任何刺激，女孩虽然神志模糊，但听力还是有的，她的婆婆也被客客气气地请到了特护病房外。

（4）吃过晚饭，我去冲凉时，电话响了。妻接的电话，刚说一句话就冲洗澡间喊，“护士长找你。”我光着身子冲出来，那个小女孩一直揪着我的心，护士长在那边问我：“以你的经验眼下探望这个小女孩合适吗？”

（5）“绝对不合适！”我一字一顿地说，“你又不是头一次接触如此严重的烧伤患者。”“可，可是……”护士长在那头似乎有难言之隐。

（6）“可是什么，没什么好可是的！”我口气加重了。“可是，院长要去探视怎么办？”

（7）“院长？他又不是门外汉，这个时候凑什么热闹！”“院长当然不是门外汉，是市长要来慰问的，还有记者跟着呢。”护士长顿了顿，“院长不好拒绝，再者，也给咱们免费宣传嘛。”

（8）“市长来慰问，他吃饱了撑的？”我大为光火，“等等，我洗好了就来。”我胡乱擦了一把身上的水珠，套上衣裤急急忙忙往医院赶。

（9）等我气喘吁吁赶到时，护士长冲我摊摊手，意思是她已尽了力。

（10）我赶到病房时，看见一个教师模样地人正俯身冲小女孩说：“知道吗，市长亲自来看你了。”那人一准是女孩的班主任，我猜测。

（11）女孩微微动了一下，这一下却引起记者极大的兴趣，记者说：“她要能微笑一下就好了。”说完这话记者调好焦距，选择最佳视角，让市长俯下身子，可女孩并没笑的意识。班主任提高嗓门，说：“江小惠，你是一名少先队员，又是一名班干部，是老师最听话的孩子，怎么就不晓得跟市长笑一下，这是最起码的礼貌！”

(12) 奇迹就是在这个时候发生的，女孩江小惠似乎欠了欠身子，脸上皮肤挤了一下，我听见有黄色液体下滴的声音。

(13) 镁光灯不失时宜地闪了一下，定格下这一感人画面。

(14) 市长出来时，看见一旁的我，院长介绍说这是江小惠的主治医师，市长很用力地拍了下我的肩膀："好好干，一定要让江小惠康复……"

(15) 第二天，我看着报纸上微笑的照片，重重地在死亡通知书上写下了一个名字：江小惠。

阅读分析题：

1. 本文标题"致命关怀"的含义是什么？(4分)

2. "我"是一个怎样的人？在文中起到了什么作用？(5分)

3. 如何理解市长慰问江小惠的行为？请谈谈自己的看法。(6分)

参考答案：

1. 命题意图：考查学生整体感知能力，即市长的慰问关怀是导致江小惠死亡的真正原因。答题时要紧扣"致命"和"关怀"两词，揣摩作者对市长"关怀"行为的情感倾向。

答案：市长对被烧伤女孩江小惠的慰问，这是关怀；然而，江小惠伤势严重，不能受到任何刺激，市长的行为已大大超出江小惠的承受能力，是导致江小惠死亡的真正原因。慰问本是市长的亲民行为，但市长和陪同的人只顾及自身利益，没有真正为病人着想，行为与结果的背离包含作者的嘲讽和无奈。（紧扣“致命”“关怀”得2分，答出作者的情感得2分）

2. 命题意图：考查对人物形象的分析能力。

答案：“我”恪守本职，为病人着想却无奈不能全力保护病人。“我”是贯穿全文的线索，江小惠的生和死全由“我”的眼中写出，前后的鲜明对照深化了小说的社会意义。（答出形象3分，答出作用2分）

3. 命题意图：考查学生对作品社会意义的评价能力。这是一道开放性试题，解答时要注意联系小说本身及有关社会现象，要有自己个性化的观点。

答案示例一：市长的“关怀”是导致江小惠死亡的真正原因，他名为“慰问”“关怀”，却漠视病人伤势严重不宜探视的实情。可见市长的关怀真正目的是树立自己的亲民形象。真正为民着想才能亲民，为了自己的利益而亲民的行为最终只会背离民意，不要也罢。

答案示例二：市长慰问病人本是好事，是亲民行为；但他的好意却被曲解和利用，最终在病房里上演了一场“亲民”闹剧。院长的“不好拒绝”，护士的“无能为力”，班主任眼中的“礼貌”，记者照片中的微笑，充分体现了众人对权力的奉承和对生命的漠视。在当今社会里也有不少“唯官是从”“唯官是恐”的现象，官本位思想真是害人匪浅。